帝政러시아 외교문서로 읽는

大韓帝國秘史

즐거운지식 6

帝政러시아 외교문서로 읽는

大韓帝國秘史

노주석(서울신문 논설위원) 지음

이담
Books

머리말

러시아에게 한국은 어떤 나라였을까.

범위를 좁혀 제정 러시아는 '대한제국'이라는 동방의 작은 나라를 어떻게 보았을까.

역사를 더 거슬러 올라갈 필요도 없이 러·일전쟁과 일본의 국권강탈, 6·25전쟁, 남·북 분단, 북핵 6자회담 등 우리 근·현대사의 주요 장면에 러시아는 어김없이 주요 당사국으로 등장한다. 그러나 1884년 첫 수교를 맺은 이후 무려 125년이 지난 2009년 오늘에도 한·러 관계사의 많은 부분은 여전히 빈 칸으로 남아있다.

첫 수교 이후 1990년 재수교에 이르기까지 단절기간이 길었던 탓이다. 특히 남·북 분단이 낳은 정치적, 이념적 문제가 관련 학계의 미국, 일본 측 자료를 통한 2차 연구의 성행으로 이어졌다. 러시아 측 문서를 통한 직접 연구를 등한시 했다.

다가올 통일시대를 앞두고 한반도 주변 4강의 한 축인 러시아의 영향력을 생각할 때 안타까운 일이 아닐 수 없다.

러시아에는 20여 개의 크고 작은 문서보관소가 있다. 특히 대외정책문서보관소(제정 러시아 시대의 자료 소장), 군사문서보관소(국방관련 자료 소장), 연방문서보관소(외교관련문서 소장) 등 3개 주요 국립문서보관소에는 모두 1만여 건으로 추정되는 한반도

관련 문서가 소장돼 있다.

러시아와 대한제국이 수교한 이후부터 1910년 국권강탈을 전후한 시기까지 한반도의 정세와 러시아·청·일본의 외교 및 군사활동, 이권침탈, 독립운동 등 여러 경로를 통해 수집한 정보를 러시아 외교관들이 본국에 보낸 전문이 주를 이룬다.

이 보고서 중 1,000여 건은 러시아어에 정통한 어학전문가이자 사학자인 박종효 모스크바대 한국학센터 객원교수가 2년여 동안 수집해 우리말로 옮겼다. 나머지는 아직도 먼지를 뒤집어 쓴 채 방치돼 있다.

연방문서보관소에서 건져 올린 베베르와 플란손의 수기는 국내에서 처음 공개된 한·러 관계사의 보물창고다. 베베르의 수기는 한글로 번역되어 햇볕을 봤지만 플란손 수기는 아직 그대로 남아 있다.

러시아의 초대 대리공사 베베르가 쓴 '1898년 전후 대한제국'은 명성황후 시해사건과 아관파천 같은 구한말 일본의 침략야욕과 러시아의 개입에 대한 비밀을 밝혀 주고 있다. 베베르는 1885년부터 1897년까지 무려 12년 동안 근무하면서 역사의 현장을 생생하게 지켜봤고 당시 상황을 일기형식으로 남겼다. 해방전후사에서 미국 대사와 같은 역할을 수행했다고 봐도 무방하다.

플란손은 1904년 러시아 극동 총독부 외교담당으로 조선 문제를 전담했고, 1905년에는 러·일전쟁을 마무리하는 포츠머스 평화조약의 러시아대표단 참사였다. 1908년 서울을 떠날 때까지 주한 러시아 공사관 서울 총영사였다. 플란손은 각 시기를 3권의 일기로 남겼다.

러시아인의 눈에 비친 구한말 시대사라 할만하다. 직접적인 이해관계를 가진 일본과 청에 비해 객관적인 시각이 돋보인다.

이밖에 대한제국 개관, 이토 히로부미 암살미수사건, 항일운동은 물론 러시아와 청 그리고 조선의 국경 획정문제, 벌목권 등 경제수탈, 아관파천 보고서, 동해와 독도지도, 명성황후 시해사건 보고서 등은 당사를 엿볼 수 있는 훌륭한 역사적 사실들의 길잡이다.

필지는 지난 2002년 4월 28일부터 같은 해 6월 10일까지 두 달에 걸쳐 주 2회씩, 광고 없이 전면을 털어 '제정 러시아 외교문서 새 발굴 대한제국 비사'라는 제목의 역사 연재물을 10회 동안 서울신문(당시 대한매일신보)에 실었다. 한·러 간 외교, 정치, 군사, 경제, 언론 등 모든 분야가 망라된 이 연재물은 꽤 괜찮은 반응을 얻었다.

1884년 한·러 수교부터 1910년 국권탈취시기까지 대한제국은 제국주의 열강 앞에 촛불 같은 존재였다. 이 시기의 한·러 관계사를 연재하면서 언젠가 신문기사의 한계를 뛰어넘어 한 권의 책으로 엮어 내 보겠다는 생각을 품었다. 확보한 1,000여 건의 자료 중 실제 기사에 사용한 것은 3분의 1 정도에 불과했다. 나머지는 여전히 사료적 가치가 살아 있다고 여겼기 때문이다.

러시아 측 1차 자료에 바탕을 둔 이 책이 대한제국시기 한·러 관계사의 실체와 이후 남·북 분단의 비극으로 이어지는 동안 러시아의 한반도에 대한 끊임없는 관심과 야욕을 보여 주는 자료로서 읽히기를 바란다.

아울러 그동안 미흡했던 한·러 관계사의 복원은 물론, 우리 근대사에서 잘못 알려진 부분들을 바로잡는 데도 기여했으면 하는 바람이다.

책을 펴내도록 격려해 준 박종효 교수님, 한성기 박사님, 지원·출판해 준 관훈클럽신영연구기금, 한국학술정보(주)에 깊이 감사드린다. 반려 곽은성과 분신 노수정에게도 의미 있는 책이 되었으면 한다.

2009년 6월 태평로에서

목차

4부 부록 / 129

제1부 한·러 관계사의 복원을 위하여

제1장 1898년을 전후한 시기의 대한제국

1. 100년 만에 빛 본 베베르 수기

러시아 국립문서보관소 서고에 묻혔다가 햇빛을 본 조선 주재 러시아 초대 대리공사 베베르의 수기 '1898년 전후 대한제국'은 러시아의 대한(對韓)정책의 실상과 당시 우리 사회상을 엿볼 수 있는 귀중한 사료로 평가된다.

베베르는 수기 전반부에서 자신이 공사로 재임했던 1898년 이전 대한제국의 실정과 러시아의 극동정책에 관해 기술했다. 후반부에서는 1903년 고종 재위 40년을 맞아 특사로 다시 찾은 대한제국이 일본의 경제식민지로 전락한 상황을 상세하게 기록했다. 모두 144쪽 분량으로 된 이 수기는 자필로 작성됐지만 이를 보고받은 러시아 외무부가 황제에게 보고하기 위해 타이핑한 상태로 보관돼 있었다.

1885년부터 1897년까지 12년 동안 공사로 재직하면서 명성황후 시해사건의 전모를 밝혀내 본국에 알렸고 아관파천 당시 러시아 공사관으로 피신한 고종을 보호한 베베르의 수기는 명성황후 시해사건(1895년)과 아관파천(俄館播遷·1896년) 등 구한말 일본의 침략야욕 및 한·러 관계의 비밀을 풀어 줄 보물창고이다.

　　당시 미국 공사였던 알렌이 쓴 '알렌의 일기', 러·일전쟁 이후 대한제국에 총영사로 부임했던 '플란손의 일기'와 함께 구한말의 정치·경제·사회상을 밝혀 줄 희귀사료로 평가받았다.

　　특히 베베르의 수기가 발굴, 공개되면서 그동안 미국·일본·중국의 자료에 의존해 온 학계의 근대사 해석에도 일부 수정이 가해졌다.

서울 정동의 옛 러시아 공사관

1904년 부산거리

　　베베르는 "조선 역사상 1894년 하반기(청·일전쟁, 동학혁명, 갑오경장)와 1895년에 일어난 명성황후 시해사건과 같은 가혹한 압박은 없었을 것"이라며 당시의 비극적인 상황을 생생하게 기술했다.

가마를 탄 벽안의 외국부인

또 청·일전쟁(1894 ~1895년) 이후 관리와 군인들의 월급조차 지급할 수 없었던 열악한 재정상황, 1~2차 러시아군사교관단의 파견과 대한제국 군대의 훈련과정, 아관파천 당시 자신이 고종과 협의해 시행한 행정개혁 내용 등도 소개했다.

그는 수기를 쓰면서 경부선 철도 부설, 서울~부산~일본을 잇는 전신선 복구공사, 일본은행권의 남발과 이에 전적으로 의존하는 대한제국의 재정사정 등을 예로 들면서 "현재의 경제적인 예속이 조만간 정치적인 속박으로 바뀔 것"이라고 예측했다.

우리나라에 부임했던 역대 외교관 중 초대 러시아 대리공사 겸 총영사였던 베베르만큼 광범위한 영향력을 행사한 외교관은 없었다. 그는 동양을 잘 알 뿐 아니라 예절에 밝았다.

베베르는 1885년부터 1897년까지 12년 동안 공사로 재직하면서 고종의 신임이 두터웠다. 그는 고종이 러시아 공사관에 머문 1년 동안 친러시아 내각을 출범시키는 데도 크게 활약했다.

고종은 베베르가 멕시코 대사로 발령 나자 "이임이 유감스럽다. 장기간 유임시켜 달라."는 친서를 니콜라이 2세에게 보내기도 했다. 니콜라이 2세는 고종 재위 40주년 경축식(1902년)에 당시 외교관직을 그만둔 베베르를 사절단장으로 특파하기도 했다.

문서 중에도 "베베르는 고종과 개인적으로 친분이 두텁고 한국인들에게도 좋은 평가를 받고 있다." "베베르를 경축사절단장으로 결정한 것은 고종 황제에게 가장 기쁜 일이 될 것"이라는 내용이 나온다. 고종은 베베르를 신임했다. 서울에 온 베베르를 자문역으로 붙잡아 두기 위해 니콜라이 2세에게 서울체류 연장을 요청하기도 했다.

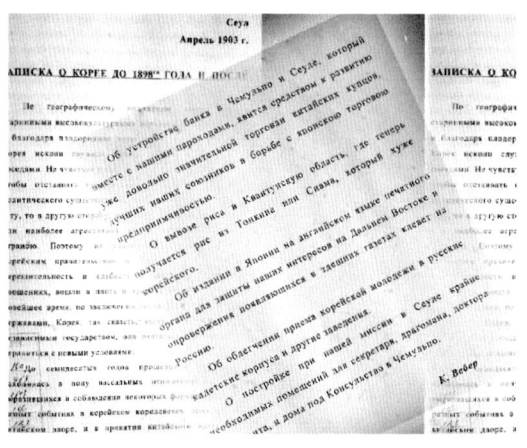

베베르 수기 원본

베베르에 대한 학계의 연구는 미미했다. 그의 출생연도와 학력, 수기 등도 이번의 문서 공개를 통해 처음 알려지게 됐다.

베베르는 1841년 6월 5일에 태어난 독일계 러시아인. 부친은 루터교 선교사였다. 뻬쩨르부르그 제국대학 동양어학부를 졸업하고 중국 베이징(北京)에서 5년 동안 중국어 공부를 했으며 이후 톈진영사와 일본 총영사를 거쳐 베이징 공사대리로 있다가 조선 주재 초대 대리공사 겸 총영사로 부임했다.

베베르는 예절이 바르고 동양의 풍습을 잘 알고 있어 고종의 신임을 얻었다. 러시아 외무부와 중국, 일본 등 주변국 외교가에서 '친한파'로 알려져 있었다.고종이 환궁한 후 다시 친일세력이 득세하자 일본을 잘 알며 성격이 강한 쉬페이예르가 대리공사로 임명됐다. 베베르는 멕시코 대사로 떠났다.

베베르는 명성황후 시해사건의 전말을 자세하게 설명하지 않았다. 그는 사건 발생 당시 현장을 목격한 러시아인 건축기사이자 궁궐 경비원이었던 사바틴의 증언과 자신의 목격담을 난수표 암호 전문 형식으로 보고한 것으로 알려져 있다.

2. 베베르의 눈에 비친 대한제국

광화문에서 바라 본 세종로 거리

화재로 전소되다시피한 덕수궁의 참상

1895년 10월 8일 민 왕후가 일본인에 의해 잔인하게 시해된 사실이 알려지자 복수를 위해 전국적으로 봉기가 일어났다. 민 왕후가 시해당한 후 수개월 동안 고종 왕은 일본군의 감시 아래 포로처럼 대궐에 갇혀 있었다.

니콜라이 2세 황제는 이 보고서를 읽고 친필로 "천인공노할 사건이니 좀 더 자세히 보고하라."고 지시했다. 이어 극동지역에 주둔하던 아무르군 관구 사령관에게 비상경계에 들어가도록 지시했다.

민 왕후가 시해당한 후 수개월 동안 일본군의 감시하에 포로처럼 대궐에 갇혀 있던 고종은 1896년 2월 11일 아침 7시 30분 여인복장으로 변장하고 왕세자와 함께 부인용 가마 두 대에 앉아 공사관으로 피신해 오는 데 성공했다. 뜻밖의 정변이 발생한 것이다. 고종의 탈출소식을 들은 수천 명의 군중이 공사관 담벽 아래로 몰려와 국왕의 탈출을 만세로 환호했다. 고종이 러시아 공사관으로 피신해 온 이후 모든 국사는 러시아제국의 공사관에서 경비해군 160명의 호위 아래 행해졌으며, 각부 대신들은 공사관 건물 안에 병풍을 쳐 임시로 칸을 막고 사무실로 사용했다.

고종이 만일의 경우를 대비해 일부러 러시아 공사관과 가까운 경운궁(덕수궁)으로 환궁할 때까지 1년 동안 대한제국의 국사를 사실상 주물렀음을 알 수 있는 대목이다. 이때부터 러시아는 이전에 일본이 누리던 영향력을 대신했다.

베베르가 분석했듯이 러시아는 1884년 수교 이후 10여 년간 대한제국 문제에 무관심했다. 당시 러시아의 주된 관심은 청국이었으며 시베리아의 경제 여건을 호전시키는 데 있었다. 따라서 러시아 공사관의 임무는 청과 일본이 대한제국을 '점령'하지 못하도록 방어하는 데 있었다. 고종이 러시아 공사관으로 피신한 1년은 베베르와 러시아에게는 일본 세력을 견제하는 데 더할 나위 없는 호기였다. 그러나 고종에게는 암울한 시기였다.

당시 러시아 공사관 서기였던 쉬테인은 "그는 두 개의 방에 왕세자와 각각 따로 앉아 공사관 뜰을 무심히 바라보기도 하고 때로는 서서 방 안을 이리저리 거닐었다. 가끔씩은 두려움에 떨며 이웃 궁궐(경운궁)에 계신 노대비(명헌태후)에게 문안을 드리려고 몰래 세자와 함께 가곤 하였으며 평소에는 노대비가 계시는 방향을 향하여 문안하는 듯 절을 하였다. 그리고 남은 시간은 방 안에 은둔하고 앉아 계셨다."고 외무부에 보고했다.

명동성당

청·일전쟁 후 지방세가 서울로 납입되지 않아 국고는 팅 비어 있었다. 일본인 재정 관리자와 고문관이 떠나 버리자 국고에 잔액이 얼마 남았으며 어디에 보관되어 있는지 아는 사람이 없었다. 관리들의 월급, 특히 군인과 경찰관에게 제때 월급을 지불하기 위해서는 탁지부(재무부)의 재정실정을 밝혀야 했다.

베베르는 영국인 해관 총무사인 브라운을 재정고문으로 천거해 이 일을 맡겼다. 브라운은 지방에서 올라온 수입을 올바르게 수령,

장부에 기입하고 지출을 줄여 관리들에게 월급을 지불할 수 있었으며, 이때부터 관리에 대한 통제가 이뤄졌다고 기록했다. 1896년 말 국고는 1,660만 엔의 여유가 생겼으며, 일본에서 차관으로 들여온 300만 엔 중 100만 엔을 상환하고 이듬해 가을 또 100만 엔을 갚을 수 있었다는 것이다.

베베르는 또 12명의 러시아 군사교관단을 통해 조선군의 개편작업에 개입했으며 경인철도 부설권을 미국이 받을 수 있도록 후원하였던 것으로 밝혀졌다.

고종의 요청을 받아들여 시베리아에 주둔하고 있던 러시아군으로부터 2차에 걸쳐 군사교관단을 초청, 대궐시위대 2개 대대를 교육시켰으며 러시아식 군 운영체계를 도입했다. 여타의 대한제국군들은 러시아 교관단이 관리하는 대대로 들어오려고 애를 쓰기도 했다.

베베르는 의정부의 개편, 13개 도와 342개 군으로의 행정구역 분할, 범법자에 대한 처벌 법규 시행, 재정고문 알렉세예프 파견 요청, 러시아어 학교 개교, 한·러 은행 개설 등 자신의 업적을 열거했다. 이 기간 동안 서북 석탄광개발과 압록강, 두만강변의 벌목이권을 러시아인 브린네르가 따는 데 협조한 사실도 밝혔다.

그는 대표적인 친한파 인사로 알려졌지만 고종과 황실인사는 물론, 한국과 한국인을 예리하고 냉정하게 평가하기도 했다.

대한제국을 떠난 지 5년 만에 다시 와 보니 거리의 남루한 복장은 이전보다 두 배나 많았다. 고종은 무당을 불러 굿을 하는 엄비(嚴妃)를 따라 미신을 신봉하고 있었다. 정치적인 상황은 더욱 악

화되어 있었다. 일본인들이 다시 절대적인 영향력을 행사하고 있었다. 한국인은 러시아, 일본 기타 열강의 국제관계 및 그들의 정치적 의도를 제대로 이해하지 못하고 있었으며 나라가 어떤 처지에 놓였는지 제대로 몰랐다. 강대국에 오랜 종속관계에 놓여 독립심이 박약하고 의타심이 강하다. 고종은 아주 호감을 주는 인품이지만 많이 쇠약해졌으며, 공적과 능력에 따라 관직을 임용하지 않고 뇌물의 액수에 의해 결정했다.

다시 서울에 와 보니 일본인들은 대한제국의 독립을 보장한다면서도 정치, 경제적 예속화를 촉진시키는 데 모든 수법을 동원하고 있었다. 한국인들은 일본의 속셈을 알지 못했고, 러시아는 법적으로 그런 정책을 중지시킬 권한을 보유하고 있지 못했다. 일본은 은밀하면서도 조직적으로 대한제국의 조정과 국민자산을 잠식하고 있었다.

그는 일본의 영향력이 확산될 수밖에 없는 일곱 가지 이유를 열거하면서 대한제국이 조만간 일본의 정치적 속박을 받게 될 것이라고 예고했다.

대한제국에 거주하는 일본인은 2만 명을 넘으며, 일본인 1인당 한인 5명이 식모, 사무실 서기, 잡부, 납품상인 등으로 고용되다시피 했다. 대한제국 연간 무역액의 72%를 일본이 차지할 정도였다. 1898년 9월 경부선 철도 부설권 협정서 중 "철도에 필요한 역사, 창고 등 대한제국 측이 제공하는 부지는 철도회사에 귀속되며 역사는 필요한 곳에 건설하되 역 앞에는 일본인 이외 타민족의 거주를 금한다."는 불평등 조항 때문에 철도 부설과 동시에 대한제국의 철도 및 역사 주변 땅은 일본의 소유물로 전락했다. 일본은 대한제국과 다른 국가들이 통신할 수 있는 유일한 수단인 서울~부산~일본 해저 전신선을 통제했다. 개항지마다 일본은행이 개설돼 일본 엔화가 시장을 지배하고 있다.

3. 러시아 문서보관소는 보물창고

러시아에는 한국 관련 문서보관소가 20여 곳에 있다. 외교문서보관소, 군사문서보관소, 연방문서보관소, 사회주의 역사 문서보관소, 고대문서보관소, 해군성 문서보관소, 국방부 문서보관소, 역사문서보관소, 극동문서보관소, 연해주문서보관소, 사진 필름 보관소, 음성 보관소 등이 그것이다.

출입증을 받으려면 먼저 소속 학교나 연구소에서 쓴 출입 신청서를 문서보관소에 제출해야 한다. 신청서에는 연구할 제목을 비롯해 인적 사항을 적도록 돼 있다. 그리고 출입허가가 날 때까지 기다렸다가 연락이 오면 가서 자기가 필요한 문서 목록을 보고 문서를 신청하면 된다.

그러나 외무성 연방문서보관소 같은 곳은 허가절차가 까다로워서 3개월 만에 나오는 경우도 있다. 다른 문서보관소는 바로 출입허가를 받을 수 있다.

10년 동안 문서보관소 20곳을 뒤진 박종효 모스크바대 한국학센터 객원 교수는 "러시아에 산재한 20여 개의 국립문서보관소에는 한국과 관련된 방대한 양의 비밀문서가 먼지를 뒤집어쓴 채 방치돼 있다. 러시아가 한국 근대사와 현대사에 미친 영향을 감안하면 안타까운 일이 아닐 수 없다.”라고 말했다.

박 교수는 러시아 문서수집 및 번역 부문에서 권위자로 꼽힌다. 지난 90년 한·러 재수교 직후 러시아문서보관소가 외국인에게 개방되자 가장 먼저 그곳으로 달려갔다. 문서보관소가 개방되었다는 소식을 듣고 전 세계에서 몰려온 학자들로 만원사례를 이뤘지만 한국 관계 문서를 찾는 학자는 자신뿐이었다고 했다.

러시아어와 러시아사, 한국사, 한·러 관계사를 동시에 소화할 수 있는 학자들이 드문 탓도 있었지만 소장된 문서가 외교, 군사, 경제 등 전문 분야의 필사본이어서 웬만한 학자들은 엄두를 내기도 힘든 때문이다. 산더미처럼 쌓인 문서보관소의 서고를 뒤져 한국 관련 문서를 찾아내기란 숨은 그림 찾기나 마찬가지였다.

박 교수는 1997년부터 2년 동안 국제교류재단으로부터 연구비를 지원받아 문서 찾기와 번역, 해제 작업을 해 왔으며, ‘러시아 국립 문서보관소 소장 한국 관련 문서 요약집’이란 책을 펴냈다.

박 교수는 러시아 측의 공개 제한조치로 ‘극비문서’들이 소장된 크렘린문서보관소와 KGB문서보관소에 접근할 수 없었던 점을 아쉬워했다. 그는 한국외국이대 러시아어과를 졸업한 뒤 언세내 대학원 사학과를 수료하고 소련 아카데미 러시아역사연구원에서 박사학위와 교수자격(독토르)을 땄고 모스크바대학교 아시아 아프리카 대학에서 한·러 관계사를 강의했다.

제2장 남·북한 분할통치안의 첫 등장

1. 일본이 제안한 39선 기점 남북 분할안

  한반도를 남과 북으로 쪼개 통치한다는 안은 1896년 일본에 의
해 처음 제기됐다. 1884년 조·러 수호통상조약 체결 이후 1910년
한일합병 전후까지 러시아의 대(對)한반도 정책은 보호국가화, 현
상 유지(독립국가 유지) 그리고 39선을 중심으로 일본과의 남북 분
할점령 등 3개 안이 기본이었다.

  이는 논의에 불과했고, 실제적으로 외무성에서 대한정책으로 확
정한 것은 독립국가 유지였다. 그런가 하면 국내외의 정치 상황과
역학관계에 따라 중립국안, 완충지대안, 만주와의 교환안, 점령안
등이 거론되기도 했다.

  특히 일본이 1896년 처음 제기했으나 러시아에 의해 거부당한
남북 분할점령안은 2차 대전이 끝난 뒤 미국이 다시 소련에 제안

함으로써 남·북분단이 현실화됐다.

서울에서 체결한 조·러 수호통상조약문을 동봉한다. 외무성은 조선과의 수교가 불가피하다고 판단하고 있으나 정치적 상황이 여의치 못해 이를 실현하지 못하고 있었다. 그러나 독일과 영국이 조선과 통상조약을 체결했다는 소식을 접한 후 황제 폐하(니콜라이 2세)의 윤허를 얻어 서울에 베베르(전권대표, 초대 대리공사)를 보내 조약을 체결했다. 이 조약은 독일과 영국이 체결하지 못한 영사관 설치 문제가 제2조에 명문화돼 있으며 블라디보스토크 주재 청국 영사관의 불만을 피하기 위해 그곳에 조선 영사관을 허용하지 않은 특징이 있다(1884년 10월 8일 기르스 외무상이 톨스토이 내무상에게 보낸 조·러 수호통상조약 13조 전문 등 23쪽에 달하는 극비문서).

이 문서는 제정 러시아 문서보관소에서 찾아낸 방대한 분량의 한국 관련 문서 가운데 시기적으로 가장 앞서는 문서 중 하나로 한국과 러시아의 최초 공식 외교협정인 조·러 수호통상조약의 체결배경에 대한 러시아 측의 의도를 나타내고 있다.

이 문서를 통해 러시아의 1차적인 관심은 조선의 종주국으로 자부하던 청나라의 심기를 건드리지 않는 데 있다는 사실을 알 수 있다. 물론 수교불가피론의 근저에는 영국과 독일 등 열강에 뒤지지 않으려는 몸부림과 함께 실현하기 위한 부동항의 획득과도 관련이 있다고 보인다.

조선을 점령하는 것이 러시아에 바람직한가? 점령하게 되면 어떤 결과를 초래할 것인가(1888년 4월 26일 아무르 총독과 외무부 아시아국장의 특별회의록).

이 보고서에 따르면 조선이 러시아 아무르군 관구로부터 멀리 떨어져 있으며 가난한 나라여서 얻을 것이 없다고 기록돼 있다. 특히 1896년에 군사교관 단장으로 온 푸차타 대령은 점령안에 부정적인 시각을 갖고 삼면이 바다라 방위상에 애로가 있고 일본의 대마도가 근접해 있어 불가능하다는 보고서를 제출했다.

일본이 호시탐탐 넘보고 있는 독도에 대한 기록도 남아 있다. 독도 지도는 1845년도에 러시아 해군성에서 조사한 지도가 있으며 압록강, 두만강, 울릉도 벌목이권과 관련한, 울릉도 현지답사 보고서에 자세하게 기록되어 있다.

일본인들이 울릉도에서 희귀목인 향나무를 도벌해 가는 장면을 러시아 공사관 쉬떼인 서기가 현장에 출장 가 직접 목격한 기록도 있다. 그리고 벌목이권을 보호하기 위해 태평양 함대 소속 아드미랄 까르릴로프 함이 방문해 조사한 기록도 있다.

러·일 간 우호확립에 유일한 방해요인은 대한제국 문제이다. 일본 천왕의 총애를 받는 야마가타(山縣有朋) 원수는 대한제국을 39선을 기점으로 분할하는 러·일 간의 협정체결이 양국 간의 우호증진을 위한 바람직한 해결책이라는 견해를 제시했다. 그는 일본이 대한제국의 수도를 포함한 남부를 차지하고 동해안과 서해안의 항구와 대부분의 대한제국 영토를 러시아에 양보할 준비가 돼 있다고 한다. 그러나 이는 대한제국의 독립국가 유지정책과 모순되기 때문에 받아들일 수 없다(1899년 2월 9일 외상이 황제에 상주한 문서).

이들 문서로 미루어 볼 때 러시아는 1896년 로바노프 외무상과 야마가타 특사 사이에 체결된 모스크바의정서는 물론, 1898년 로젠‒니시 협정으로도 대한제국의 독립을 일본 측으로부터 완전히 담보받지 못했다고 여기고 있으며, 남북 분할점령안을 거부했지만 여전히 매력을 느끼고 있음을 알 수 있다. 당시 일본이 주도한 명성황후 시해사건(1895년)과 이로 인해 촉발된 고종의 러시아 공사관 피신(아관파천·1896년)으로 곤경에 빠진 일본 대신 러시아가 대한제국의 조야에 큰 영향력을 행사하던 때였다.

2. 오락가락하는 러시아의 대한(對韓)정책

이후 러시아의 대한제국 독립국가 유지정책은 조금씩 후퇴하는 조짐을 보인다. 여기에는 100만 명에 달하는 러시아군의 대부분이 유럽지역에 주둔하고 있어 극동지역에서의 군사력 약세를 인정하는 측면도 있었다.

만주문제로 일본과 충돌이 발생할 경우 병력을 신속히 이동시킬 수 있는 시베리아 철도가 완성되기 전까지 외교적으로 대한제국의 독립을 지원, 일본에 완전히 내주지 않고 독립을 현상유지시켜 보려는 속셈도 작용했다.

만주와 극동에서 러시아가 굳건한 기반을 확립하고 만주를 러시아 영토로 편입시키는 데 25～30년이 걸릴 것이다. 만주문제의 평화적인 해결을 위해 러시아가 일본의 민족적 자존심에 손상을 주지 않고 대한제국을 일본에 양보하는 것이 불가피하다고 본다(1902년 12월 뷔테 재무상이 람즈도르프 외무상에게 보낸 러·일 협상관련 비밀문서).

대한제국을 보호국으로 삼아 철도 및 은행 등을 장악하는 것은 무의미하다. 문제는 일본과 싸워 대한제국을 무력으로 장악해야 하는데 대한제국 남부의 점령은 우리의 힘이 미치지 못하므로 대한제국 전역을 영향권 아래 두는 기회를 엿봐야 한다. 그런 의미에서 만주를 굳건히 지배하지 않으면 안 된다(1902년 10월 8일 도쿄(東京) 주재 러시아 공사 로젠 남작이 니콜라이 2세에게 상주한 보고서).

황제(니콜라이 2세)는 일본이 대한제국을 북쪽으로는 두만강, 서쪽으로는 압록강까지 점령해도 좋다는 결심을 했음을 염두에 둬야 한다. 황제는 대한제국을 일본에 양보하면 군사충돌을 피할 수 있다고 생각한다(1903년 6월 11일 해군제독 아바자가 극동위원회 의장 베조브라조프에게 보낸 전문).

로젠 공사의 보고서에 대해 서울주재 파블로프 공사도 의견서를 통해 "러시아는 실제적으로 국익에 손상을 입지 않고 대한제국 문제 해결을 명분 삼아 일본 정부에 대한제국의 행정감독은 물론 철도, 우편, 전신 등에 유리한 권한을 인정하면서 재정과 군사부문까지 참여를 허용해야 하며 러시아는 만주문제에 대한 일본의 불간섭을 이끌어내야 한다."고 맞장구쳤다. 니콜라이 2세는 문서 상단에 "파블로프의 의견에 동의한다."는 의견을 친필로 남겼다.

니콜라이 2세는 1904년 1월 26일 알렉세예프 극동 총독에게 친필서명이 든 전문을 보내 "러시아가 전쟁을 시작하는 것보다는 일본이 먼저 시작하도록 하는 것이 바람직하다. 일본이 먼저 개전하지 않으면 일본군이 대한제국의 남해안 혹은 동해안으로 상륙하는 것을 방해하지 말라. 만약 38선 이북 서해안으로 상륙병과 함대가 북진해 오면 적군의 첫 발포를 기다리지 말고 공격하라."고 긴급지시했다.

러시아의 정책이 대한제국의 양보 쪽으로 서서히 방향을 전환하고 있는 가운데 일본군이 38선 이북 서해안으로 상륙하면 전쟁이 불가피하다는 '마지노선'을 암시하고 있다. 1902년 1월 런던에서 체결된 영·일 동맹은 러시아를 당황하게 만들었다. 이 시기를 전후해 대한제국의 중립화안이 고개를 든 것은 자연스러운 흐름이었다.

러시아 군부는 대한제국 북부지역의 무력 점령안을 적극 지지하고 있었다.

대한제국에서 러시아는 일본뿐 아니라 어떤 국가에게도 영향력을 허용해서는 안 된다. 러시아가 대한제국을 점령해 러시아에 합병시켜야 한다(1900년 두바소프 태평양함대사령관이 니콜라이 2세에게 상주한 극동의 정치상황).

일본은 전 병력을 만주전선에 투입했다. 러시아는 대한제국으로 진격해야 한다. 현재의 16개 부대로는 병력이 부족하다. 진격계획은 8월로 연기하는 것이 바람직하다(1904년 6월 아무르 군관구 참모부에서 알렉세예프 극동 총독에게 보낸 전문).

일본군이 만주전선에 총력을 기울이고 있는 틈을 이용해 대한제국 영토에서 군사적인 승리를 거두겠다는 국지전(局地戰) 계획이긴 하지만 점령안을 지지하는 군부의 의사를 엿볼 수 있다. 무력 점령안에 따른 진격계획은 보다 구체성을 띠고 있었다. 이들 부대는 러·일전쟁 당시 한반도 북부로 진출했으며 평양 일대에서 일본군과 전투를 벌였다.

'전쟁불사'를 외치는 군부 및 일부 외교라인의 강경론에도 불구하고 러시아는 1903년 6월 중국 여순에서 베조브라조프 등 극동정책수립에 전권을 위임받은 수뇌부가 참석한 가운데 특별회의를 갖고 한반도 정책의 기조를 다음과 같이 정했다.

회의의 결론은 다음과 같다. ▲ 러시아가 대한제국의 전역 혹은 북부 일부지역을 점령하는 것은 이익이 되지 못한다. ▲ 일본의 경우도 마찬가지이며 점령가능성에 대비해야 한다. ▲ 일본이 점령하면 항의는 할 수 있으나 러시아 군대를 투입해서는 안 된다. ▲ 일본의 점령을 사전에 봉쇄하기 위해 만주와 대한제국은 별개의 문제임을 선언하고 대한제국의 독립을 지원해야 한다(1903년 7월 4일 알렉세예프 극동 총독이 로젠 주일공사에게 보낸 비밀 전문).

대한제국 러·일 분할 점령안에 따른 중립지대(완충지대) 설정에 대한 극비메모도 흥미롭다.

중립지대 설정에 대한 자료는 외무성에 없으며, 알렉산드르 미하일로비치(니콜라이 1세의 손자) 대공의 1899년 3월 6일자 극비메모에는 아무르강 하구에서 원산만까지, 그리고 서울과 제물포를

포함하고 있다(1903년 3월 11일 외무상이 황제에게 보낸 상주서).

1905년 을사늑약으로 외교권이 일본으로 넘어간 뒤 러시아는 대한제국의 독립국 유지를 사실상 포기한 채 일본과 협상하는 데 주력했다.

러시아의 이해관계나 대한제국의 심각한 하소연이 없는 한 일본 통감부의 지시에 가급적 관여하지 말 것. 일본 당국에 대한 한인의 불만에 개입하지 말고 열강의 최혜국 국민으로서 법적인 권리를 사수하라. 열강이 영사관을 개설하는 지역에 러시아영사관 개설의 필요성 여부의 의견을 상신하라. 특히 러시아제국 정부에 전폭적인 믿음을 보인 고종이 실현 불가능한 기대를 갖고 러시아에 요구를 해 올 때 일본과의 사이가 악화되지 않도록 어떠한 약속도 자중하라(1906년 외무상이 대한제국에 부임하는 플란손 총영사에게 내린 훈령).

러·일전쟁에서 패배, 일본과 포츠머스 평화조약을 체결할 때 조약문을 잘못 작성해 대한제국의 독립이 상실되었다고 발한 플란손은 1905년 12월 작성한 비망록에서 "러시아는 지난 10년간 대한제국에서 이룩한 외교적 성공을 잃어버렸다."고 자탄했다.

니콜라이 2세는 같은 해 11월 고종의 계속되는 독립유지 지원 호소에 대해 "고종 황제에게 '패전 이후 혁명세력의 확장으로 더 이상 도와줄 수 없다.'는 전문을 보내라."는 칙령을 외무성에 내렸다.

제정 러시아는 신흥 일본제국주의에 패배했지만 미련을 버리지 못한 채 훗날을 기약하고 있었다. 로젠 당시 미국대사는 1906년 외무성에 보낸 문서에서 "러시아가 남으로는 우크라이나에서 동으로는 블라디보스토크까지 국토를 확장한 것은 자연스러운 일이었다. 그 영향이 이제 대한제국에까지 미쳤으나 러·일전쟁의 패배로 30~40년 후퇴했을 뿐이다."라고 기록했다.

이 같은 지적은 40년 뒤 소비에트사회주의연방공화국(러시아)의 38선 이북의 점령으로 현실이 됐다

3. 러시아 외교라인의 면면

대한제국 말 러시아의 한반도 정책이 여러 노선으로 나뉘져 혼란을 야기한 이유는 무엇일까?

가능하면 일본과의 충돌을 피하되 대한제국을 화 하려는 완충지대 실리 위주의 외교정책에 1차적인 원인이 있지만 당시 매파와 온건파로 양분됐던 외교라인의 분열도 한몫했다는 분석이다.

당시 한반도 정책의 최고 결정자는 '마지막 황제' 니콜라이 2세였다. 이번에 발굴된 러시아 극비문서에 따르면 그는 1901년 파블로프 대리공사가 "서울에서 개에 물려 광견병 예방주사를 맞으러 도쿄에 왔다."고 보고하자 "휴가를 내서 충분한 치료를 받도록 하라."는 지시부터 "일본군이 서해 38선을 월선해 상륙하면 즉각 발포하라."는 구체적인 지시를 내릴 정도로 모든 사안을 직접 챙겼다.

니콜라이 2세가 극동관련 문제에 대해 보고를 받는 공식외교라인은 외무상의 직접 보고, 극동 총독의 상주서, 일본·청·조선 주

재 공사들이 황제 또는 외무상에게 올리는 보고서 등 크게 세 가지 경로였다. 이 밖에 황실근위연대 기병장교출신으로 상서(명예무임소장관)의 직위를 가지고 있던 측근 베조브라조프 극동특별위원장, 황족인 알렉산드르 미하일로비치 대공, 뷔테 재무상 등 비선(秘線)보고도 영향을 끼쳤다.

니콜라이 2세는 모든 보고서를 빼놓지 않고 탐독한 뒤 자신의 의견을 보고서에 남겨 정책에 반영토록 했다. 하지만 대한제국의 독립국가 유지, 일본과의 분할점령안, 전역 점령안 등 상황에 따라 바뀌는 외교정책의 큰 틀에 대해서는 외무성의 의견에 따랐다.

다음으로 가장 큰 영향을 미친 사람은 훈령을 통해 각국 주재 공사를 통제하고 황제에게 의견을 올린 외무상이었다. 기르스, 로바노프, 람즈도르프 등 역대 외무상들이 대체로 온건파여서 일본과의 전쟁을 피하자는 주장이 득세한 것으로 드러났다. 여기에 뷔테 재무상과 꾸로파트킨 육군상 등이 가세한 것으로 추정된다.

일본과의 일전불사, 한반도 무력점령을 주장한 매파로는 베조브라조프 극동특별위원장과 아바자 극동특별위원회 사무총장, 플라베 내무상, 알렉세예프 극동 총독, 두바소프 태평양함대 사령관 등이 대표적이다.

알렉세예프 극동 총독은 극동정책 결정에 상당한 영향력을 행사했다. 1903년 여순에 설치된 극동 총독부는 외교권을 포함, 극동관련 사무의 1차적인 처리권을 보유하고 있었으며, 러·일전쟁 발발 직전까지 러시아의 극동정책은 외무성과 극동 총독부가 공동으로 관여하는 이중구조로 돼 있었다. 극동 총독부의 설치와 권한 부여는 당시 러시아의 신(新)극동정책을 주도한 베조브라조프 극동특별위원장의 작품이었다.

로젠 주일공사도 일본에서 한반도 정책을 원격 조정하는 역할을 한 것으로 보인다. 로젠 남작은 세 차례에 걸쳐 일본 주재 공사를 역임했으며 1904년 러·일전쟁 당시에도 일본공사였다. 이후 미국 대사로 승진, 1905년 포츠머스 러·일 평화조약 당시 러시아 측 협상 부대표를 맡았다.

제3장 러시아로 이주한 조선사람들

1. 한인 이주정책의 실체

한인들의 러시아 이주문제가 표면화된 것은 1860년 러시아와 청국이 북경조약을 체결, 광활한 우수리지역이 러시아영토로 편입되면서부터였다. 이때 비로소 중국과 러시아는 두만강유역을 경계로 국경선을 맞댔기 때문이다.

이번에 새롭게 발굴된 러시아 측 극비문서에 따르면 1884년에 러시아 거주 한인은 대략 1,845가구 9,000여 명에 달했으며 남우수리지방의 포시예트에 15개 마을을 형성하고 있었다.

독신으로 외지에 넘어와 품팔이를 하던 것이 점차 가족을 동반한 집단이주로 본격화됐다는 것이다. 물론 러시아 측 문서에 나타난 이 같은 한인이주는 이전부터 이곳에 거주하던 발해 유민 등 한인 원주민은 고려하지 않았다는 점을 감안해야 한다.

한인이주문제에 많은 관심을 기울이고 있다. 1863년 조선과 국경을 맞대고 있는 포시예트 지역에 가족단위 이주민이 옮겨 온 이후 이주민 숫자는 매년 증가추세를 보였다. 당시 상황은 이와 같은 한인 이주민이 크게 도움이 됐다(1908년 3월 8일 아무르 동부지역 총독 운테르베르게르가 내무부장관에게 보낸 보고서).

간도로 이주한 한인들

한인이주문제는 아무르 동부지역 총독부에서 내무부장관에게 보낸 보고서에 주로 등장한다. 이주의 원인으로 대한제국 북부의 토질이 나쁘고 흉년이 계속된데다 관헌의 파렴치한 착취에 따른 탈출로 분석했다. 또 대한제국 국경에서 가까운 남우수리 지방은 습기가 많고 해양성 안개가 자주 끼어 러시아 농민들은 농지로 적합지 않다며 떠나 버렸지만 한인들은 이곳의 기후와 토질이 한반도와 유사해 벼농사에 적합하다고 여겼다는 것이다.

러시아 행정당국에서도 한인 이민을 호의적으로 받아들였으며 이들은 러시아 군대와 도시민들에게 농산물을 재배, 공급하는 한편 도로개설과 보수 및 짐마차 부역노동 등에 동원했다. 한인 이주가 급증한 것은 1870년 초 조선에 흉년이 겹쳤기 때문이다. 많은 국민이 빠져나가자 조선 정부에서 자주 항의를 해 왔다. 1884년 한·러 수호통상조약체결 이전에 이주해 온 한인은 러시아국민으로 인정하게 되었다.

이민 온 조선인은 러시아국적을 소지하고 있으며 정교회를 믿지만 이들이 러시아인화할 것이라는 믿음은 근거 없는 추측이다. 남우수리에 거주하는 한 한인가족은 40년을 살았지만 조선식으로 살고 있다. 극소수를 제외한 대부분의 한인들이 그렇다. 러시아가 청국이나 일본과 전쟁을 하게 될 경우 한인의 충성심을 믿어서는 안 된다. 이곳은 적의 소굴이 될 것이다. 이 때문에 일본은 한인의 러시아 이민을 장려하고 있다(1908년 3월 8일 아무르 동부지역 총독 운테르베르게르가 내무부장관에게 보낸 보고서).

러시아 중앙정부나 지방당국은 한인들의 습관이나 생활풍속이 러시아인에 동화되지 않으며 황인종이 극동지방에 많을 경우 해롭다는 인식을 갖고 있었다. 하지만 우선 노동력이 필요했기 때문에 이를 차단하는 정책의 시행을 차일피일 연기했을 뿐이었다.

1891년 두홉스키 아무르 총독은 오히려 적극 정책을 폈다. 한인의 러시아 동화를 독려하는 한편 2년간 러시아잔류허가를 받은 한인이 만기를 넘겨도 추방하지 않았고 새로 오는 이민자도 거부하지 않았다. 그 결과 1904~1905년 러·일전 기간 중 한인 수는 ▲남우수리 2,500명, ▲하바로프스크와 우드스크에 /,500명, ▲아무르에 3만 3,500명에 달했다.

카자끄 부대가 관리하는 지역에 살고 있는 한인 18명의 가옥 8채를 철거하지 말고 한인이 경작하는 농토를 몰수하지 말 것. 15년간 병역의무를 면제해 주고 고국의 가족을 초청, 러시아국적을 취득하게 해 줄 것(1897년 8월 16일 타반트 마을 촌장 이성삼 외 18명이 카자끄 부대 사령관에게 보낸 진정서). **가족을 초청, 농업**

에 종사한다면 러시아국적취득에 동의하며 국적취득 후에는 이들을 카자끄 관할 마을로 편입시킨다(카자끄 사령관의 회답).

카자끄인이란 15～17세기 과중한 세금과 압제를 피해 러시아의 중앙부에서 남방변경지방으로 도망친 농노 및 그 자손들을 총칭하지만 주로 카자끄 인들로 구성된 비정규군 둔병(屯兵)을 지칭한다. 이들은 정부로부터 토지를 지급받는 대신 유사시에 징집될 의무를 갖고 있었다. 한인 이주자들도 일부 카자끄 인과 마찬가지 취급을 받았던 것이다.

2. 항일근거지로 변한 러시아 극동지역

러시아는 한인들에게 미개간지를 개척하게 한 뒤 또 다른 미개척지로 밀어내고 개척지에는 러시아인들을 이주·안착시켰다. 1937년에는 일본 간첩이 한인거주 지역에 준동하여 국경지역에서 소개(疏開)시킨다는 명목 아래 중앙아시아의 오지(奧地)로 강제 이주시켰다. 러시아가 추진한 한인 이주정책의 정체를 알 수 있게 하는 대목이다.

이범윤을 중심으로 대한제국의 정치 이민자들이 노보 끼옐스크(두만강 넘어 남우수리지방에 있던 소도시)를 활동거점으로 삼고 있다. 일본이 우리의 우방이 아니기 때문에 한인 독립운동자들에게 어떤 조치를 취해야 할지 유보하고 있다(1908년 4월 5일 남우수리지방 국경행정관 스미르노프가 연해주 주지사 플루그에게 보낸 통신문).

한인 의병조직에 관심도 갖지 말고 처벌도 하지 말 것. 그러나 격려하지는 말 것(같은 해 4월 19일 플루크가 스미르노프에게 보낸 답신전문).

러시아 극동지역 풍경

러시아 극동지역은 을사늑약이 체결된 1905년부터 러시아혁명이 일어난 1917년까지 항일민족운동의 중심지였다. 이후 러시아혁명 정부가 빨치산부대를 해체하는 1922년까지는 공산주의운동의 본거지가 되었다.

이곳이 항일운동의 근거지가 된 데에는 여러 가지 이유가 있었다. 우선 만주와 간도, 연해주 등 국경을 맞대고 있어 한·러·청 삼국을 자유롭게 이동할 수 있는 지리적 이점 때문이었다. 이와 함께 간도와 연해주지역에 살고 있는 한인 이주민들의 풍부한 인적·경제적 자원을 활용할 수 있었다.

러시아 내 한인들을 한인의용군으로 편성해 러시아에 공헌케 하는 방법으로는 산악지방에서 빨치산활동으로 일본군을 교란하게 하는 등의 방법이 있다. 함경 남·북도에서 6,000명의 모병이 가능하며 소총 2,300정이 확보가능하다. 부대는 3개 연대로 구성하며 소대장 이상 지휘관은 러시아인으로 한다(1904년 11월 3일 꼬르프 남작이 제안한 러·일전쟁 시 한인의용군 편성계획).

일본 외무성이 다음과 같이 전해 왔다. 조선 정부로부터 간도관리사(間島管理使)라는 직책을 부여받은 이범윤은 200명의 동지를 모아 통감부하의 현 정부를 전복시키려는 음모를 꾸미고 있다. 이들은 블라디보스토크에서 다량의 무기를 구입하고 대한제국으로 침투하기 위해 노보 키엪스크에 집결해 있다.

이들 중 일부는 육로를 통해 경성(서울)으로 갔으며 또 다른 일부는 선박 편으로 대한제국 북부로 떠났다(1908년 7월 9일 도쿄 주재 러시아 대사 말레비치가 외무부에 보낸 비밀 전문).

만주에서는 상인들이 빨치산 대원을 도와 무기와 돈을 지원해 주었다. 총대장은 이범윤이며 그는 4,000명의 빨치산을 지휘하고 있다. 그중 1,000명은 총으로 무장하고 있으며 나머지 3,000명은 길림과 봉천지방 주민들의 지원을 받아 무장을 획책하고 있다. 빨치산의 거점지역은 러시아와 청국국경지대에 일부 있으며 또 다른 일부는 간도에 있다(1911년 11월 11일 하바로프스크 아무르군관구 참보부가 총참모부 관리본부에 보낸 비밀첩보보고서).

1905년 러·일전쟁의 패배로 타의에 의해 대한제국에서 손을 떼게 된 이후 한일합병을 전후한 시기까지 러시아의 비밀문서에는 이범윤과 관련된 항일투쟁활동이 유독 많이 거론되고 있다. 유인석·홍범도 등에 대해서는 별로 언급이 없다.

러시아는 일본이 포츠머스 러.일 평화조약에 의해 극동 한인 의병 활동을 중지시키라는 요구에 '강도단', '폭도', '빨치산'으로 표현하였으나 혁명 때 일본군이 블라디보스토크에 상륙했을 때는 실제로 한인들을 이용하였다.

3. 이범진, 이범윤, 이위종 3인의 인생유전

러시아 문서보관소에서 발굴된 극비문서에는 이범진(李範晋·1852~1910), 이범윤(李範允·1856~1940), 이위종(李瑋鍾·1887~?) 3인의 이름이 유독 많이 등장한다.

이범진(왼쪽)과 이위종 부자

이들이 구한말 한·러 관계에서 빼놓을 수 없는 주요 인물이었음을 알 수 있다. 하지만 세 사람의 관계와 비극적인 인생유전에 대해서는 국내에 거의 알려진 바 없다.

세 사람은 피로 맺어진 혈연관계였다. 페테르부르크 주재 대한제국 공사였던 이범진과 헤이그밀사로 파견된 3인 중 한 명이었던 이위종은 부자지간이었다. 만주와 연해주 땅을 오가며 평생 항일의병활동을 한 간도관리사 이범윤은 이범진의 6촌 동생이었다. 이 같은 사실은 이범진의 손자 이원갑(李元甲·65) 씨에 의해 확인됐다.

또 고종이 같은 전주 이씨인 이범진을 '조카'라고 호칭한 점으로 미뤄 이들은 이씨 왕가의 먼 일족이었던 것 같다. 이범윤은 일제의 핍박에 시달리던 고종을 연해주로 망명시키려는 시도를 한 사실도 문서 곳곳에서 드러난다.

고종의 측근이었던 이범진은 아관파천의 주역이었다. 친러 내각이 무너진 뒤 주미공사를 거쳐 주러 공사로 부임했다.

고종은 "짐은 궁중에서 일본의 포로로 잡혀 있지만 북쪽러시아를 바라보며 짐과 백성을 자유롭게 해 주리라는 희망을 걸고 있다. 짐의 사랑하는 조카, 경제적인 어려움을 겪겠지만 그곳에 남아 니콜라이 2세 황제에게 도움을 청하라. 짐이 운명한 뒤에도 그곳에 남아 있으라. 일본이 수입과 지출을 통제하고 있으니 송금할 수가 없다."(1908년 1월 31일)는 서신을 보냈다.

조국으로부터의 재정지원이 끊긴 뒤 이범진은 러시아 측이 제공하는 월 100루블의 정치성 생활보조금을 지원받고 연명하면서도 조선 정부와 일본의 귀국종용을 거부했다.

러시아 외무부차관이 소모프 서울 총영사에게 보낸 1910년 5월의 전문에는 "이범진은 귀국할 경우 생명의 위협을 느끼고 있으며 러시아를 떠나지 말라는 고종 황제의 어명을 지키느라 귀국을 거부하고 있다."라고 기술했다.

한일합병 이후 '친러파'로 낙인찍힌 이범진이 일본에 복수할 수 있는 유일한 길은 자살이었다. 그는 1911년 1월 16일 "우리의 조국은 이미 죽었습니다. 전하께서는 모든 권리를 빼앗겼습니다. 신은 적에게 복수할 수도, 적을 응징할 수도 없는 무력한 처지에

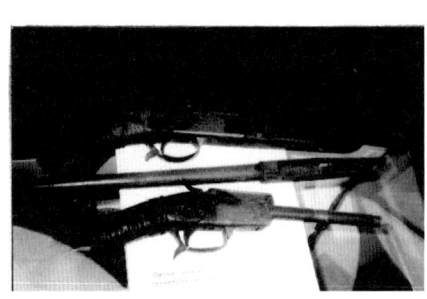

항일의병이 사용하던 총기

이명박 대통령이 상트페테르부르크의 이범진 순국비를 참배하고 있다.

처했습니다. 자살 이외에는 아무것도 할 수 없습니다."라는 내용의
유서를 고종에게 남기고 목을 매달았다.

그의 시신은 페테르부르크 교외 우즈펜스키 묘지에 안장됐으나
지금은 흔적조차 남아 있지 않다. 장례비용은 황제 니콜라이 2세
가 하사했다.

이범진의 둘째 아들 이위종의 일생은 더욱 기구하다. 그는 7살
때부터 아버지를 따라 영국, 프랑스, 러시아를 전전하면서 3개 외
국어를 익혔다. 프랑스 샹생 육군사관학교를 러·일전쟁이 발생하
자 중퇴하고, 러시아로 들어가 주러 공사관 참사관으로 일했으며
러시아의 귀족 놀켄 남작의 딸 엘리자베트와 결혼할 정도로 엘리
트 외교관이었다.

1907년 고종의 밀서를 지니고 이준, 이상설과 함께 헤이그 만국
평화회의에 참석하려 했으나 뜻을 이루지 못했다. 하지만 그가 만
국평화클럽에서 행한 일본규탄 연설은 세계에 일본의 잔학상을 최
초로 알린 쾌거였다.

생활고와 울분 등으로 러시아인 부인과 이혼한 뒤 여기저기를 떠돌았다. 1908년에는 군자금 1만 루블을 관리하던 최재형을 블라디보스토크에서 만났으며 이범윤과 함께 독립운동을 꾀했지만 러 당국에 붙잡혀 추방당했다.

1차대전 때 러시아군 장교로 참전한 사실과 1917년 러시아 혁명 이후 한때 혁명에 가담하려고 했으나 어렵게 되자 이름을 바꾸고 시베리아일대에서 살았다는 기록이 조선인국제공산당원의 한 보고서에 나와 있다. 이후의 행적은 묘연하다.

이범윤은 1903년 조선 정부로부터 간도관리사라는 직책을 부여받은 뒤 한때 5개 대대의 무장병력을 거느렸다. 대한제국으로의 진격계획을 세우기도 했다. 그는 니콜라예스크에서 검거돼 이르쿠츠크로 추방됐지만 이곳에서도 1925년까지 항일운동을 폈다. 연해주와 만주를 오가며 평생을 조국을 위해 투쟁했던 그는 노년에 거의 폐인이 돼 만주에서 생을 마감했다.

제4장 아! 간도, 조선인이 사는 남의 땅

1. 러·청, 베이징조약으로 일방적 국경획정

한국과 러시아, 중국 3국의 두만강 쪽 국경은 1860년 당시 러시아와 청 두 나라가 맺은 베이징조약에 의해 일방적으로 확정지어졌다. 당시 청의 속국으로 여겨졌던 조선은 협정대상에서 아예 배제됐다.

이로써 한반도 역사상 처음으로 조선은 유럽국가인 러시아와 국경을 맞대게 되었지만 1861년 8월 1일 청·러 양국이 동부국경 최남단을 뜻하는 국경표지인 토자비(土字碑·러시아 측은 이 비석을 세운 러시아군 장교의 이름 첫 자를 따 T자비라고 불렀다.)를 두만강 연안에 세울 때까지 조선은 이 같은 사실을 까맣게 몰랐다.

베이징조약의 영토조항인 제1조에 의해 러시아는 서북쪽으로는 아무르강, 동 쪽으로는 타타르해협과 동해를, 남서쪽으로는 두만강 하류에 이르는 이른바 연해주 땅을 통째로 획득했다. 이 지역에는 원나라 때부터 여진으로 불려 왔던 말갈족과 고구려인, 돌궐인, 위구르인, 거란인 등이 살고 있었으며 고구려와 발해의 고토(古土)였다.

연해주가 러시아의 영토가 되면서 1872년 러시아 극동함대가 니콜라예프스크에서 블라디보스토크로 옮겨 왔다. 극동노령의 최동남단이며 조선국경과 가까운 블라디보스토크가 러시아 극동함대의 기항이 됐다는 사실은 앞으로의 한·러 관계에 엄청난 파장을 예고한다.

러시아군이 마적단과 청국 패잔병을 추격하면서 대한제국의 북방 국경선까지 접근하는 경우가 종종 있다. 대한제국과 청국의 국경선은 세계 각국의 지도(독일 판, 영국 판, 대한제국 판)에서 동북방면으로는 두만강, 서북방면으로는 혜산산맥이 경계를 이루고 있다. 그러므로 두만강과 혜산산맥을 중립지대로 보는 의견이 있다. 러시아군이 부지불식간에 대한제국 북방 국경선을 침범할 우려가 있기 때문에 이를 방지할 수 있도록 한·청 국경선이 정확히 어디인지 밝혀 주길 바란다(1901년 4월 육군상 꾸로파트킨이 외무장관 람즈도르프에게 보낸 통신문).

외무부가 갖고 있는 자료에는 대한제국과 청국의 국경경계는 항상 두만강으로 인정되어 왔다. 현재 한인 스스로도 간도(間島)를 청국영토로 인정하고 있다. 1894년까지 효력이 있던 조·청 조약에서도 두만강 좌안지대에서 혜산산맥까지는 중립지대로 인정되어 이곳에 조·청 양국인의 거주가 금지되었다. 청·일전쟁이후 한인들이 이곳 두만강 좌안에 무단 이주, 점거하고 있지만 여전히 청국영토의 일부로 인정받고 있다(1901년 10월 4일 외무장관이 육군상에게 보낸 회신).

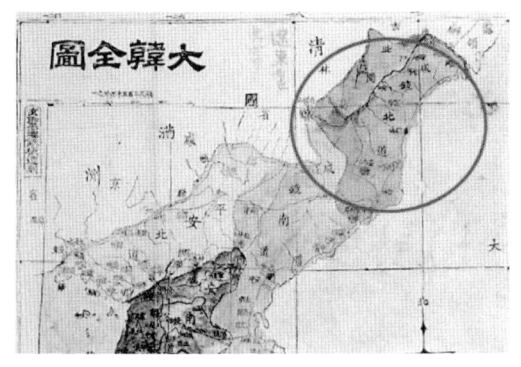

대한전도에 포함된 북간도지도

이 회신은 조선과 청의 국경선은 두만 강이라는 러시아 측의 공식입장을 담고 있다. 러시아 측 해석에 불과하다고 평가절하할 수도 있지만 엄연히 국경을 맞대고 있는 이해당사국의 해석이라는 데 무게가 실린다

역사적으로 보면 간도에 오래전부터 한인이 거주했던 사실은 확실하지만 한인들의 두만강 도강을 금한 법을 제정한 1870년까지 간도 지방에는 극소수의 한인이 살았다. 1870년 이후 한인 농민들의 이주가 시작됐고 얼마 뒤 산동지방에서 청국인들이 건너온 것으로 기록돼 있다.

조·청 국경은 두만강이며 간도는 청국의 땅이었을까. 여기에서 우리는 두만강 쪽 한·청 국경과 관련된 케케묵은 논란에 다시 휩싸이게 된다.

926년 발해의 멸망 이후 무주공산(無主空山) 상태였던 2만 1,000㎢의 더 넓은 간도들판(길림성 연변자치주지역)의 주인은 누구였을까. 1710년(숙종 36년) 청국은 간도지방에

백두산 정계비

서 일어난 한인에 의한 청국인 살해사건 조사단을 현지에 파견, "압록강의 서북은 중국, 동남은 조선땅이다. 그리고 토문강 서남은 조선, 동북은 중국의 영토이다."라고 일방적으로 선언했다. 1712년 양국은 백두산 정상에서 가까운 지점에 정계비(定界碑)를 세웠다.

이후의 쟁점은 토문강(土們江)의 실체에 관한 문제에 모아졌다. 토문강이 도문강(圖們江)이라고도 불린 두만강의 별칭이냐, 아니면 전혀 별개의 강이냐를 놓고 오랫동안 맞섰다. 대한제국이 개국선포(1897년)와 함께 청의 연호를 버리면서 청과 조선의 관계는 끊어졌다.

이때부터 '두만강과 토문강은 별류(別流)의 강'이라고 주장했지만 진전이 없었다. 러시아도 남만주를 차지한 1895년 이전에는 간도를 한국 땅으로 여기고 있었다.

실제 러시아 측 자료에도 '토문강은 압록강에서 송화강으로 흐르는 지류'라고 기록돼 있다. 1905년 조선의 외교권을 앗아 간 일본은 간도에 임시파출소를 설치한 뒤 '간도는 일본의 지배를 받는 한국의 영토'라고 인정했으나 1909년 태도를 돌변, 베이징에서 '간도에 관한 청·일 협약'을 체결하면서 두만강을 국경으로 인정해 버렸다. 청·일 협약의 결과 일본은 남만철도 부설권을 얻는 대신 청에 간도의 소유권을 넘겼다.

2. 러·일·청 3국의 이해득실 따라 간도 상실

청국에 조공을 바치는 속국이라는 이유 때문에 소유권을 강력하게 주장하지 못했던 조선은 일본의 만주 진출이라는 정치적 협상에 의해 다시 한 번 희생됐다. 러시아와 청, 일 3국은 자신들의 이해관계에 따라 남의 나라 국경을 마음대로 긋고 바꾼 것이다.

대한제국과 만주 남방 국경선의 획정에 관해 러시아에서 지도를 다시 제작한다면 한·청 국경선의 중요성에 비춰 수정하는 것이 바람직하다. 러시아 지도에는 국경선이 혜산산맥을 따라 표시돼 있다. 실제적으로 한·청 두 나라의 경계는 1710년에 형성됐었다. 두만강하구에서 백두산까지이다. 1897년 대한제국이 청국에서 독립하면서 두만강 좌안을 소유하려고 시도했으나 결국 실패하고 한·청 국경선으로 다시 이전의 국경선을 인정하고 말았다(1901년 3월 11일 서울 주재 군사무관 스트렐비스키 대령이 참모본부에 올린 보고서).

서울 주재 러시아 대리공사 파블로프도 1901년 "압록강과 두만강 유역에 거주하는 한인과 청국인에 관해 합의한 한·청 국경조약에 따르면 압록강과 두만강 좌안에 거주하는 한인은 세금을 청국정부에 냈고 우안에 사는 청국인은 세금을 대한제국에 냈다."라고 외무부에 보고하고 있디.
실제 우안에 사는 조선인은 거의 없었던 점으로 미뤄 이때부터 청의 간도에 대한 기득권이 인정된 것으로 여겨진다.

일본이 두만강 국경선을 완강히 거부하고 있다. 일본은 두만강 좌안(간도)은 이전에 조선영토였으며 현재 청국 영토라고 하더라도 한인이 거주하고 있다는 이유를 들어 두만강 좌·우안 모두를 법적으로 확보하려고 한다. 그런데 국방성은 두만강이 오래전부터 한·청 국경선이라는 통지를 1904년 아무르 군관구 사령관에게서

용정의 일본 총영사관

받은 바 있다(1905년 10월 6일 극동 제1군 총사령관 리네비치가 참모총장에게 보낸 보고서).

또 1908년 3월 서울 총영사관에서 외무장관에게 보낸 보고서에서도 "청국과 대한제국이 간도소유문제로 분쟁을 빚고 있다."고 돼 있다.

일본군 사이토 대좌의 정보에 따르면 "간도에는 한인촌 529곳이 형성돼 있으며 이곳에 7만 2,076명이 살고 있다. 청국인은 209곳에 2만 2,983명이 살고 있다. 한인이 압도적으로 많다. 간도의 영토는 넓이가 50마일, 길이가 75마일이다. 이곳은 형식적으로 청국영토에 속해 있으며 토지의 절반 이상을 청국인이 소유하고 있기 때문에 한인은 임대를 한다."라고 밝혔다.

일본은 조선인들을 청국, 그리고 압록 강변 및 간도로 이주하도록 부추기고 있다. 일본은 이 지역 4곳에 영사관을 설치하고 일본 국민으로서의 조선인 이주자들을 통해 세력을 확장시킨다. 일본의 의도를 뒤늦게 파악한 청국이 조선인들을 추방하기에 이르렀다. 일본 측 통계에 의하면 1910년 한 해 동안 약 10만 명의 조선인이 이주해 왔고 전체 이주자는 20만 명을 넘는다. 청국이 조선인을 추방하려 하자 일본은 조선에 사는 4만 명의 화교를 추방하겠다고 맞대응했다. 현재 이 문제로 청·일 양국이 협상 중이다

(1910년 12월 16일 소모프 총영사의 외무부 비밀 지급전보).

청, 일 두 나라의 국경분쟁을 지켜보는 러시아 측의 이해관계는 가능하면 간도가 청국영토로 남아 있기를 희망했다.

간도가 대한제국의 영토로 귀속된다면 일본이 간도를 전략적인 목적으로 이용할 것이 뻔하기 때문이었을 것이다. 더욱이 러·일전쟁이 발발하면 블라디보스토크와 연해주가 점령당할지도 모른다는 위협을 느꼈다. 국경방위의 약화를 우려한 것이다.

두만강 국경선을 넘는 일본군

두만강 국경선 분쟁은 당초 조선과 청국의 직접 분쟁에서 1905년 을사늑약 체결로 한국의 외교권을 접수한 일본과 만주지역을 차지한 러시아의 대리전으로 변질됐다.

일본은 간도의 소유권을 주장함으로써 만주와 연해주로의 접근로를 확보하려고 한 반면 러시아는 청국의 손을 들어 줘 일본과 직접 맞대지 않는 완충지대를 유지하려 했다. 해답을 찾을 수 없었던 이 문제는 결국 1985년 구소련의 외무장관 그로미코와 북한 김영남 외무상 간에 조·소 국경조약 체결로 일단락됐다.

100년 전 살길을 찾아 두만강 건너편 간도 땅으로 건너갔던 한인들이 지금은 중국동포가 되어 한국으로 되찾아 오고 있지만 당시 러, 청, 일 3국의 이해득실에 의해 타율적으로 상실했던 '토문강 서남쪽' 간도 땅을 되찾을 기약은 없다.

3. 러·일전쟁의 결정적 빌미된 용암포 개항사건

용암포

러, 일, 청 3국이 두만강변에서 끊임없이 국경분쟁을 벌인 까닭이 간도(間島)의 소유권에 대한 다툼이었다면 1903년 러시아가 압록강변의 벌목 목재 집산지 용암포를 독점점유하면서 불거진 용암포 개항 사건은 압록강유역에 대한 3국의 이해관계가 충돌한 또 다른 국경분쟁이었다.

용암포사건은 표면적으로는 러시아의 압록강 산림이권 독점에 대한 영국, 일본, 미국 등 열강의 견제였지만 실제로는 만주일대를 차지하고 있던 러시아의 압록강 국경지역에 대한 영향력 확산을 차단하려는 의도가 강했다.

러시아는 한때 용암포를 기점으로 압록강과 두만강에 이르는 한·만 국경 1,300㎞에 만리장성과 견줄 만한 방책선을 두른 뒤 요새를 구축하려는 야심찬 계획도 추진했었기 때문이다.

여순에서 개최된 특별회의의 결정사항은 다음과 같다. 대한제국 정부의 압록강 개항승낙이 일본과의 개전사유는 될 수 없다. 한국과 일본 정부에 각각 압록강 개항은 러시아의 이해관계에 적대적인 행위임을 경고해야 한다. 개항문제에 관한 한 러시아의 항의는 공격적인 성격을 띠어서는 안 된다(1903년 7월 18일 여순에서 알렉세예프 극동 총독이 외무성에 보낸 통신문).

러시아 극동 총독부가 설치되어 있던 여순에서 열린 이 특별회의는 용암포문제에 대한 러시아 측의 종합적인 입장정리란 측면에서 중요하다. 용암포의 개항을 최대한 저지시키되 전쟁으로까지 발전되는 극단의 경우는 피하겠다는 것이다. 이 회의에는 꾸로파트킨 육군상, 레사르 북경 주재 공사, 파블로프 서울 주재 공사, 알렉세예프 극동 총독, 베조브라조프 극동특별위원회 위원장, 플란손 극동 총독 외교담당관 등 러시아극동정책의 수뇌부가 총출동했다.

당시 압록강 산림벌목이권을 놓고 러시아 내부는 두 갈래로 나눠져 있었다. 뷔테 재무상, 꾸로파트킨 육군상, 람즈도르프 외상은 극동지역의 러시아군 전력의 열세를 들어 일본과의 화해를 주장하는 쪽이었다. 하지만 베조브라조프, 아바자 해군제독, 쁠라베 내무상, 알렉세예프 극동 총독, 파블로프 서울 주재 공사 등은 양보는 양보를 낳아 결국 만주지역에서의 영향력 상실로 이어질 것이라며 적극 정책을 주장했다. 니콜라이 2세도 이 의견에 동조하고 있었다.

러·일전쟁 개전의 결정적인 빌미가 된 용암포사건은 영국 극동 함대의 거문도점령 사건(1885년)과 함께 한반도에 열강의 이목을 집중시킨 세계적인 사건이었다. 용암포의 개항은 곧 만주에 대한 개항을 의미하기 때문이었다.

러시아는 용암포를 끝까지 사수하려고 했으나 열강의 압력에 굴복한 대한제국 정부의 일방적인 한·러 조약 및 이권취소로 인해 독점적 지위를 포기할 수밖에 없었다.

서울 주재 프랑스 공사대리 퐁트네 자작의 서신에 의하면 고종은 서울 주재 영국과 일본대표들로부터 조약의 폐기선언을 하도록 3개월 동안 강요받았다. 고종이 반대하면 폐위시키거나 시해할 수도 있는 강압적 상황이었다. 고종은 강요에 못 이겨 선언한 조약 파기 칙령은 기회가 오는 대로 철회하겠다는 말을 러시아에 전해 달라고 말했다(1904년 상하이 주재 부영사 클레이메노프가 외무부에 보낸 비밀 전문).

결과적으로 용암포사건은 일본과의 전쟁은 피하되 한반도와 만주에서의 영향력은 유지하려 한 러시아의 유약한 전략이 노출된 사건이었으며 1년 후 발발한 러·일전쟁의 패배로 러시아가 그동안 만주에서 개척한 모든 성과는 물거품이 되었다.

제5장 시베리아 철도의 한반도 연결 추진

1. 경의선과 만주횡단철도의 연결 시도

지난 7월 15일자 고종의 칙령으로 미국과 프랑스회사가 서울~제물포, 서울~의주 간 철도를 각각 부설키로 하면서 철도의 궤도(레일)폭을 유럽형인 4.5피트(약 133cm)로 결정했다는 정보를 받았다. 러시아는 동청철도(만주횡단철도) 건설 시 러시아철도와 같은 5피트(약 150cm) 궤도 폭을 시설하기로 확정했고 조선은 아직 철도건설을 시작하지 않았으므로 고종의 칙령을 변경하여 러시아의 만주노선과 동일한 궤도 폭으로 건설하도록 조선 정부에 강력히 요청하라(1896년 11월 10일 재무장관 뷔테가 외무성 총관리관 쉬이쉬킨에게 보낸 공문서).

이 문서는 시베리아 횡단철도(TSR)와 만주횡단철도(TMR)를 한반도와 연결하는 작업이 100년 전 제정 러시아 시대에 이미 추진됐던 사실을 입증하고 있다.

러시아가 관심을 가진 노선은 경의선(서울~의주)이었다. 경의선을 만주 횡단철도와 연결을 꾀했던 것이다. 동일한 궤도 폭을 유지한다는 것은 언제라도 철로를 연결할 수 있다는 뜻이다.

압록강철교

경의선은 프랑스가, 경인선은 미국이 1896년에 각각 부설권을 따냈으나 일본이 부설권을 재매입해 1901년과 1906년에 각각 완공시켰다. 러시아는 경의선의 경우 프랑스를 대리국으로 내세워 실질적인 관리권을 유지하면서 시베리아 철도와의 연계를 꿈꾸었지만 러·일전쟁(1904~1905)의 패배로 일본에 권리를 양보할 수밖에 없었다.

시베리아횡단철도는 모스크바에서 블라디보스토크까지 장장 9,334km를 운행하는 세계에서 가장 긴 직통열차로 1891년 총공사비 10억 루블을 들여 착공, 1904년에 모스크바~블라디보스토크 노선이

거의 완공상태에 있었다. 일본은 이 철도가 완공되면 전쟁에서 불리하다고 계산, 개통 전에 전쟁을 시작했다

미국 모리스회사(경인선 철도 부설권 소유회사)의 대표가 찾아와 일본인과 어떤 약속도 없었으므로 경인선 철도회사를 러시아에 판매하는 것에 대해 협의할 준비가 돼 있으며 철도궤도 폭을 비롯하여, 러시아의 주문에 따라 공사를 끝내는 원칙적인 합의를 하자고 했다(1897년 12월 9일 서울 주재 대리공사 쉬페이예르가 외무성에 보낸 전문).

뷔테 재무상의 지시에 따라 쉬페이예르는 협의를 진행했다. 1898년 1월 31일자 비밀 전문에서 쉬페이예르는 "모리스사의 대리인은 주식을 비밀리에 매입하든지 아니면 일본은행에서 빌린 채무액의 일부라도 상환해 주면 일본의 그늘에서 벗어날 수 있다고 호소하고 있다. 모리스사는 이미 설치가 끝난 노면은 150만 달러에 러시아에 양보할 수 있으며 선로 폭 조정은 최소한 주식을 매입한 뒤에 가능하다고 한다."고 보고했다.

시베리아횡단철도의 한반도연결에 관한 문서 중 남아 있는 가장 오래된 문서는 서울 주재 초대대리공사였던 베베르가 1896년 6월 22일 본국에 보낸 비밀 전문이다.

베베르는 이 전문에서 "조선의 철도 궤도 폭을 러시아와 같은 5피트로 하도록 조언하려고 한다."고 보고했다. 베베르가 보고한 당시는 고종이 러시아 공사관에 피신한 아관파천(1896년 2월 11일~1897년 2월 20일)의 와중이었기 때문에 베베르의 입김은 조선 정부의 정책수립 및 추진에 있어 영향력이 컸던 시절이다.

하지만 뷔테 재무장관은 "러시아는 지금 시베리아 철도건설에 총력을 기울이고 있기 때문에 자금여력이 없어 경인철도 건설이권에 개입하지 않겠다."고 회답했다.

2. 묄렌도르프의 '조선 철도에 관한 수기'

독일인 외교 및 세관업무 고문 묄렌도르프의 '조선 철도에 관한 수기'는 이 문제에 대해 더욱 구체적인 의견을 피력하고 있다. 묄렌도르프는 1882년 이홍장(李鴻章)의 추천으로 통리아문의 참의와 협판을 역임했다.

조선 철도 건설문제는 1882년에 제기되었다. 조선 정부에 철도부설 이권을 여러 나라가 요청했으며 그중에는 영국과 일본이 들어 있었다. 조선 정부는 철도건설자금이 없어 연기할 수밖에 없었으나 철도문제와 더불어 광산 및 탄광이권이 또다시 1885년과 1895년에 제기되었다.
따라서 한 미국인 회사와 철도건설에 관한 전반적인 계획을 다음과 같이 수립하였다. ▲서울~제물포 ▲서울~평양~의주 ▲서울~부산 ▲평양~두만강 ▲서울~부산~남·서해안철도 ▲서울~부산~동부해안철도 ▲서울~원산선 등이다.

묄렌도르프는 수기에서 미국 회사는 이 노선 전체를 순차적으로 건설하며 15년 동안의 운영권 소유를 제의했다고 밝혔다. 또 조선

정부에 투자금에 대한 연간 순이익 5%의 보장을 요구했다고 기술하고 있다. 묄렌도르프는 이 문제를 일본, 청, 영국, 미국, 러시아 등 열강의 이해관계 및 역량 등을 감안, 정치적으로 해결하려고 했다.

묄렌도르프

일본이 경부선 철도이권을 획득하려는 의도는 한반도에서의 영향력 확장이다. 청국은 조선에서의 역할이 끝났으므로 청국에 이권을 제공해 영향력을 행사하게 해서는 안 된다. 영국은 조선과 통상관계가 없으므로 이권을 주면 조선에 영향력을 행사할 빌미만 제공하게 된다.

미국은 조선에 정치적인 위험이 적으며 자본을 쉽게 유치할 수 있다. 러시아는 조선 철도건설에 관심이 없으나 조선항구는 부동항으로 좋은 조건을 갖추고 있다. 조선 철도에 러시아 철도를 연결하면 조선 남부의 항구 중 하나는 시베리아 철도의 종착역으로 일본과 청국의 화물 및 여객을 수송할 수 있어 동부아시아 해안에서 가장 번창한 항구가 될 수 있을 것이다(1896년 묄렌도르프의 조선 철도 부설에 관한 수기 중에서).

묄렌도르프는 시베리아 철도 연결에 대한 러시아 측의 이해관계를 족집게처럼 짚어 냈다. 당시 러시아의 주 관심은 경의선 부설권이었다. 경의선 부설권은 1896년 프랑스 회사에 주어졌지만 러시아는 실질적인 관리권을 쥐고 있었다. 러시아는 경의선을 시베리아 철도의 지선으로 만주를 횡단하는 동청철도(지금의 중국 장춘

철도·TMR)와 연결하려고 계획하였던 것이다. 하지만 러시아의 문제는 자금부족에 있었다.

러시아에서 서울까지 철도를 건설하는 계획은 자금이 부족해 불가능하다. 서울~의주 간의 전신선 부설사업은 지난여름에 착공되었으며 최근에는 서울~원산 간 전신선 가설이 완료되었다. 원산에서 러시아 국경까지 전신선 연결은 한국인 기사와 시설자금부족으로 어려움이 많다(1897년 5월 22일 군사교관단장 푸차타 대령의 보고서).

경원선 부설권 획득 방안에 대한 부정적인 보고도 등장한다. "서울~원산 간 경원선 철도 부설권을 가진 독일 마이어사의 직원이 부설권을 러시아가 매입하기를 제안했다."는 파블로프의 1900년 4월 13일 보고에 대해 외무부는 "러시아가 원했으면 철도 부설이권을 받을 수 있었다. 현재 러시아에는 그런 이권이 필요치 않다. 더 이상 협의치 말라."는 회신을 보냈다.

하산에서 바라본 두만강철교

3. 열강의 철도 부설권 쟁탈전

또 독일이 경원선 부설 이권 획득을 꾀하고 있다는 서울 주재 군사무관 스트렐비스키 대령이 참모본부에 보낸 1898년 8월 18일 자 보고에 대해 육군상 꾸로파트킨은 "독일의 경원선 철도 건설은 러시아 군부의 이해와 무관하다."라고 밝히기도 했다.

대한제국 정부는 일본이 배후에서 지원하고 있는 한 기업이 서울~의주 간 철도 부설공사를 시행할 수 있게 한다는 방침을 정했다. 따라서 이 철도이권의 소유자인 프랑스인 라페이에르와 대한제국 정부 간에 체결한 경의선부설계약서를 확인하는 즉시 이 철도 부설권을 담보로 1,200만 프랑을 대한제국 정부에 대출하며 그 대가로 러시아는 철도회사의 관할권을 보장받는 것이 골자이다. 서울 주재 프랑스 공사는 지원을 약속했다(1903년 7월 23일 서울에서 파블로프 대리공사가 외무부에 보낸 전문).

실제 대한제국 정부와 프랑스인 라페이에르는 경의선 부설 소요자금과 관련, 1903년 8월 4일 시설자금 1,250만 프랑을 프랑스은행에서 차관을 받도록 알선하고 차관의 담보물은 경의선 노선에 속하는 재산, 토지, 수입금 그리고 평양지방의 모든 탄광으로 했다. 하지만 러시아의 골칫거리는 철도의 보호였다.

러시아 정부는 1903년 7월 28일 파블로프에게 보낸 비밀 전문에서 "대한제국 북부에서의 철도건설은 러시아의 국익에 부응하지만 이 철도의 보호가 어려울 뿐 아니라 일본인의 수중에 넘어가는 상황에 빠지지 않겠는가."라고 우려를 표하기도 했다. 일본은 3,319만 엔이라는 당시로서는 천문학적인 금액을 투입해 1905년 1월 경부선(서울~부산)을 개통시켰다.

경부선의 의미에 대한 러시아 측 분석도 흥미롭다.

경부선 철도는 세계적인 의미를 지니고 있다. 앞으로 언젠가는 동청철도 및 시베리아 철도와 연결될 것이기 때문이다(1900년 9월 2일 군사무관 스트렐비스키가 참모본부에 보낸 보고서).

경부선이 개통되면 한·일 간 무역이 증가될 것이다. 현재 시모노세키(下關)에서 서울까지 화물을 운송하려면 2~5일이 걸리지만 경부선 철도를 이용하면 20시간이면 가능하게 되며 또 경부선을 연장하여 시베리아 철도나 동청철도와 연결하면 경부선은 동서의 수송로가 될 것이다. 일본에서 유럽까지 28~45일 걸리는 운송기간이 17~22일로 단축될 것이다(1901년 1월 29일 육군상 꾸로파트킨이 황제에게 보낸 상주서).

남대문을 배경으로 사진을 찍은 선교사들

러시아 측 비밀문서들은 지금으로부터 100년 전 한반도의 철도 부설 이권을 놓고 러시아, 일본, 미국, 영국, 프랑스, 독일 등 열강이 벌인 부설권 쟁탈전의 전모를 소상하게 밝혀 주고 있다. 자체 건설자금 없이 외국자본을 끌어들여 철도를 건설하려 했기에 벌어진 사단이었다. 마치 경부고속철의 건설을 놓고 프랑스의 테제베, 독일의 이체, 일본의 신칸센이 벌였던 경쟁의 원판(原版)처럼 보인다.

무엇보다 한반도를 시베리아, 만주와 철도로 연결하는 방안이 당시 구체적으로 논의된 사실은 흥미롭다. 우리가 이 문제에 관심을 가진 것은 지난 2000년 9월 18일 경의선 복원공사의 착공과 함께였다.

제6장 러 · 일의 불꽃 튀는 한반도 첩보전

1. 주도권 다툼에 애꿎은 한인만 희생

비밀문서 중에는 군사첩보와 관련된 전문이나 보고서들이 많은 분량을 차지하고 있다. 대한제국과 만주에서의 주도권 다툼에 열을 올리고 있던 러시아와 일본은 외교라인과 군을 총동원, 첩보전을 전개했다. 러시아의 대일(對日) 첩보전은 러 · 일전쟁(1904~1905)을 전후한 시기에 가장 첨예했다.

일본이 대한제국을 보호국화한 이후 일본군의 동향 관찰과 대한제국 군의 개편 상황을 감지하기 위한 상주 군사첩보원의 필요성이 긴박해지고 있다. 이 비밀첩보 임무로 제2시베리아 보병사단 포병여단의 비류코프 대위를 일본 주재 군사무관의 부관으로 임명하여 보내기로 되어 있다. 비류코프는 10년간 대한제국에서 거주

한 경험이 있다(1906년 2월 13일 러시아군 총참모부장이 외상에게 보낸 공문).

비류코프가 군사무관 사모일오프의 부관으로 부임하게 되면 일본이 바로 의심하게 되어 첩보활동이 어렵게 될 것이다(1906년 7월 14일 도쿄 주재 바흐메티예프 공사가 외무성에 보낸 비밀 전문).

두 건의 비밀문서에 등장하는 비류코프는 대표적인 군사 첩보원이었다. 1907년 그가 서울로 오자 당시 서울 주재 총영사였던 플란손은 이토(伊藤博文) 통감에게 "서울에서 러시아 학교 교사로 일하던 중 러·일전쟁이 발발하자 현역에 소집돼 근무했으며 포츠머스 평화회담 후 다시 예비역으로 편입돼 정들었던 서울에 다시 와 교사직을 알아보려고 왔다."고 소개했다. 이토는 비류코프에게 동정적으로 대해 주었다고 전하고 있다.

비류코프는 서울의 러시아 학교 교사 신분으로 국내에서 8년간 교사로 있으면서 고종의 요청으로 제자 10여 명을 러시아 하사관학교 등에 국비유학생으로 입교시켰고 전쟁이 나자 첩보활동을 했다. 이후 1916년까지 원산과 성주 주재 영사로 근무하면서 일본군에 대한 첩보를 사령부에 보고하고 은밀히 블라디보스토크 등으로 탈출하는 한인 의병대를 돕기도 했다.

그는 1904년 1월 "한국어를 말하고 한복으로 변장한 일본인은 전쟁이 나면 러시아군을 감시할 것이며 또 통역이나 안내원으로 봉사하겠다고 자청할 수 있다. 일본인은 용모 등이 한인과 비슷하기 때문에 구별하기가 대단히 어렵다. 그러나 걷는 모습을 잘 관찰하면 한인은 성큼성큼 걷는 반면 일본인은 촘촘히 걷는다."는 첩보를 올릴 정도로 한국과 한국인에 정통했다.

또 러시아군이 만주와 남우수리 지방에서 대한제국으로 진격할 수 있는 3개의 길과 그에 관련된 상세한 정보를 보고하기도 했다.

그는 한인학생 출신들의 안부를 묻는 고종에게 "학생들은 고종 황제와 조국을 위해 열심히 첩보활동을 하고 있다. 한 군과 강 군은 나와 함께 활동하고 있고 이 군은 북청에서, 현 군은 노보키옙 스크, 구 군은 경성(鏡城)에서 각각 정찰임무를 맡고 있다."고 1904년 10월 19일 고종에게 전했다.

서울 불어학교 교사로 고종의 헤이그밀사파견 사실을 러시아 극 동 총독부에 알렸던 프랑스인 마르텔과 프랑스 신문 '저널'지의 도 쿄특파원 발레, 블라디보스토크 주재 프랑스 상무관 플라르 등 프 랑스인들이 러시아의 비밀 첩보원으로 활약했던 사실도 흥미롭다.

발레가 페테르부르크에 왔다. 그는 전쟁 중의 일본의 정세에 관해 흥미 있는 정보를 러시아에 전해 주었으며 이제 외무성 정보를 제공하겠다고 제의해 왔다(1905년 5월 22일 외무성에서 육군상에게). 발레의 정보제공 제의는 수락되었다. 정보비로 그에게 매월 600 루블이 책정되었다(1905년 6월 15일 육군상이 외무장관에게).

러시아는 일본과의 첩보전에서 대단히 불리한 위치에 있었다. 첩보의 통로인 우편 및 전신시설과 전달수단인 철도 등 교통시설을 일본이 선점, 장악하고 있었기 때문이다.

1902년 니콜라이 2세가 외상 람즈도르프에게 "서울 주재 파블로프 대리공사의 보고서가 늦게 상신되는 이유가 무엇이냐."고 묻자 람즈도르프는 "파블로프의 보고는 비밀스런 성격이 있기 때문에 일반 우편시설을 이용하지 않고 믿을 만한 기회(인편)나 아니면 가끔 대한제국 항구에 입항하는 러시아 선박을 통해 발송해 오기 때문"이라고 해명하기도 했다. 다음 문건은 러시아 측의 애로사항을 잘 보여 준다.

고종 황제가 소장하고 있는 러시아 외무부와의 연락용 암호 통신문이 궁정(덕수궁) 화재로 소실됐다. 혹시 일본이 훔쳐 보관하고 있을 수도 있으니 미리 방비하라(1904년 5월 16일 서울 주재 파블로프 공사가 외무부에 보낸 보고서).

서울에서 파블로프 공사가 보낸 전문을 받았지만 내용이 훼손돼 읽을 수가 없다. 일본 전신국이 조직적으로 교묘하게 비밀 전문을 파손시켜 배달하고 있으며 이는 우연한 왜곡이라고 볼 수 없다. 일본은 통신문을 제때에 배달도 하지 않는다. 모든 우편, 전신국은 러시아에 적대적인 일본이 장악하고 있기 때문에 대한제국과의 교신도 불가능하다. 배달 과정에서 내용을 알 수 없도록 손상시켜 놓은 몇 통의 전보문을 첨부한다(1903년 12월 7일 일본 나가사키 주재 가가린 영사가 도쿄 주재 공사에게 보낸 보고문).

2. 간도에는 일본이 양성한 기생 등 밀정 700여 명 암약

대한제국의 우편시설을 장악한 일본이 서울의 러시아 공사관에서 보내는 외교행낭을 손상시키거나 배달을 지연시키는 일이 잦아

지자 러시아는 임시 방편으로 제물포에서 상하이 노선을 운항 중인 동청철도(東靑鐵道) 소속 여객선을 이용해 외교문서를 발송하고 수신하기도 했다.

두만강 국경지역에서 일경에게 검문검색 받고 있는 조선인들

2주에 1회 왕복 운항하는 이 여객선도 비밀문서 수발에는 지장이 많았다. 두만강 인접 도시 노보키옙스크 지역과 한국 간의 전신선을 육상으로 연결하려고 계획했으나 일본의 끈질긴 방해로 실패했다. 러·일전쟁 이후 한·러 간의 통신은 일본 나가사키에서 블라디보스토크까지 깔린 해저선을 통했다. 러·일전쟁의 승패는 통신을 장악한 일본 쪽으로 이미 기울어져 있는 것이나 다름없었다.

앞으로 러·일 간에 전쟁은 피할 수 없을 것이다. 대한제국에서 러·일은 사활을 건 혈전을 벌일 것이며 영국이 가담할 것은 의심의 여지가 없다. 대한제국이 전쟁터가 될 경우 러시아의 남우수리 지방은 후방작전 기지가 될 것이다. 일본의 병력을 고려할 때 러시아는 10만 명 이상의 병력과 2만 명분 이상의 식량을 확보해 비축해야 한다. 연해주, 아무르주, 자바이칼주에는 1년간 공급할 식량을 비축해야 한다. 일본군의 병력 현황은 다음과 같다(1899년 3월 9일 알프탄 대령이 '러·일 충돌에 관한 연구'라는 제목으로 작성, 보고한 문서).

이 보고서는 4년 후 러·일전쟁 발발을 이미 예측하는 등 러시아 측 정보의 정확성과 뛰어난 분석력을 보여 준다. 이후 육군상에 오르는 사하로프 중장이 1902년에 작성한 보고서도 일본 수비대의 주둔지와 규모, 철도 및 전신선 공사 현황, 저탄장, 거주자들의 취득 부동산 등 세세한 항목에 이르기까지 보고하고 있다.

무기도입 및 밀수와 관련된 첩보도 자주 등장한다. 일본이 대한제국을 경유해 만주로 무기를 밀수출하고 있다는 내용과 함께 일본이 고물 함정을 거액에 대한제국에 팔았다는 내용도 들어 있다.

일본은 사용하지 않는 구형 총기를 만주로 수출하고 있다. 어느 지방을 통해 어디로 보내고 있는지 추적하라. 청국에 무기를 공급해 주는 사람에게서 받은 정보에 의하면 일본이 청국의 여러 성(省)에 18만 정의 구식 소총을 매입하라고 제의했다고 한다(1902년 3월 29일 하바로프스크의 그로드스키 장군이 서울 공사관에 보낸 비밀 전문).

주한공사관 쉬테인 서기의 보고에 의하면 미쓰비시사는 8문의 함포가 장착되고 200명의 해군을 태울 수 있는 순양함을 대한제국 정부에 납품하기로 계약을 체결했다고 한다(1903년 2월 3일 람즈도르프 외상이 도쿄 주재 이즈볼스키 공사에게 보낸 전문).

순양함은 오는 4월 고종 황제 즉위 40주년 기념행사 때 축포를 발사할 목적으로 석탄선을 개조해 함포만 탑재시킨 것으로 외형만 해군함정으로 보일 뿐이라고 한다. 일본의 고무라(小村) 외상은 고종 황제의 순양함 도입계획이 일본에 유익하지 못하다는 말을 했

다(같은 해 2월 9일 람즈도르프 외상이 서울 공사관에 보낸 전문).

모스크바와 서울, 도쿄를 오간 이들 비밀 전문을 보면 순양함을 도입하려던 대한제국 정부가 일본의 국제무기거래 사기극에 속은 것을 알 수 있다. 당시 자료에 따르면 이 순양함의 가격은 55만 엔이었고 3년 분할상환 조건이었다. 대구경 대포 4문과 소구경 대포 4문이 장착되고 장교 25명과 해군 200명이 승선하게 돼 있었다.

일본의 첩보망도 만만찮았다. 1903년 제물포 부영사 팔야노프스키의 서북지역 출장보고서에는 "평양에는 일본의 첩보기관이 있다. 일본인들은 시내의 모든 약국을 운영하며 무슨 일이 일어나는지를 살피고 있다. 이곳에는 약 300명의 일본인이 거주하고 있는데 지방행정권은 일본 영사의 수중에 있다."고 보고하는 등 일본 첩보조직의 촉수가 대한제국의 정부는 물론 지방에 이르기까지 거미줄처럼 뻗어 있음을 알리고 있다.

간도의 일본 총영사관에는 비밀 첩보과가 있다. 그 과에는 일본인, 청국인, 그리고 한인이 암약할 것이다. 통감부와 헌병사령부 소속의 밀정만도 약 760명에 이른다. 이들의 주요 임무는 의병을 추적하는 것이다. 밀정 중에는 여성도 있는데 대부분 기생이다. 벌써 많은 의병을 경찰에 밀고하였다(1909년 10월 23일 소모프 총영사가 외무장관에게 보낸 비밀 보고서).

고문받는 독립군

문서에는 이 밖에 러시아 극동지방에서 일본 비밀첩보원으로 활동한 한인 명단(1898년), 대한제국 내 비밀첩보망 구축안(1905년), 흑룡강지방의 조선인 첩보원 명단(1912년) 등도 들어 있다. 대한제국을 지배하기 위해 일본이 벌인 스파이전쟁에 이용당하거나 희생된 한국 사람들의 이름이다.

3. 맹위 떨친 항일민족지 대한매일신보

전 서울 불어학교 교사 마르텔을 비밀첩보원으로 대한제국에 파견했다. 그는 일어에도 능통하다. 그에게 첩보임무와 개인암호를 주었다. 그에게 대한매일신보의 영문판 제호인 The Korea Daily News를 늘 잘 살피라고 지시했다(1904년 12월 4일 중국 상하이에서 파블로프 서울 주재 대리공사가 그루세스키 장군에게 보낸 보고서).

러·일전쟁(1904~1905)의 패배로 한반도에서의 영향력을 대부분 상실한 러시아는 이후 청, 일 주재 외교라인 등을 통해 극동정세를 그럭저럭 파악하는 것이 가능했다. 하지만 한일합병시기를 전후해서는 '정보 부족증'에 걸렸다. 그래서인지 1908년 이후에는 국내 언론과 일본 신문 기사를 발췌해 본국에 보고하고 있었다.

'00년 00일부터 00년 00일까지의 일지', '대한제국 내 폭동에 대한 신문 스크랩' 등 러시아문서보관소에서 발굴된 수백 건의 정보보고가 그것이다. 이 중 80% 이상 인용된 신문이 당시 한국의 대표적인 항일민족지 대한매일신보(1904년 발간)였다.

서울 주재 공사관이 폐쇄된 이후 만주로 건너가 극동지역 첩보수집 총책임자로 일한 공사 파블로프가 프랑스인 비밀첩보원 마르텔에게 "대한매일신보를 잘 살피라."고 지시한 것도 그 때문이었다.

26일 하얼빈 역에서 5명의 한인이 이토에게 권총을 발사, 이토는 곧 절명했다. 전 고종 황제는 식사 중에 이 소식을 듣고 수저를 상에 떨어뜨렸다(1909년 10월 28일자).

안응칠(안중근 의사의 아호)은 항일운동을 하며 이강, 유동설 그리고 안창호와 비밀연락을 했다(1909년 10월 30일자). 오늘 관보에 지난 9월 4일 청·일이 간도에 대해 체결한 조약문이 발표됐다(1909년 11월 9일자).

대한매일신보는 러시아와 중국, 그리고 일본인의 간담을 서늘하게 한 안중근 의사의 이토 저격사건을 "고종이 수저를 떨어뜨렸다."는 촌철살인의 한 문장으로 전달했다. 고구려와 발해의 옛 땅 간도를 청국에 통째로 넘긴 일본의 외교술책도 간도협약 체결 기사를 통해 짚어 내고 있다.

무엇보다 대한매일신보의 의병활동 보도는 러시아 문서가 인용하고 있는 국내외 신문의 보도를 내용이나 횟수, 정확도 면에서 압도하고 있다.

경기도에 군사훈련을 받은 2,000명 이상의 의병이 집결해 있다(1908년 2월 19일자).

대한제국에는 모두 5만 명의 의병이 있다고 한다. 결정적인 의병 소탕을 위해 일본군이 또다시 상륙한다고 한다(1909년 7월 29일자).

이토가 사살된 이후 러시아로 한인이주가 급증하고 있다(1909년 11월 27일).

대한매일신보 1911년 2월 15일자와 2월 21일자에는 의병장 강기동(姜基東)에 관한 매우 흥미로운 기사 2건이 실려 있다.

지난 2월 12일 원산의 한 일본식당에서 의병대장 강기동이 체포됐다(1911년 2월 15일자).

그는 4년 동안 경기도에서 의병 200명과 함께 항일투쟁을 했다. 강기동은 여선편으로 서울로 이송된 이후 지금까지 식음을 전폐하고 있다. 체포 당시 주머니에는 일본돈 2엔밖에 없었으며 손과 발에는 태극기가 그려져 있다(1911년 2월 21일자).

제7장 조선에 온 러시아 군사교관단

1. 니콜라이 2세 열강 견제 불구 두 차례 파견 강행

'마지막 황제' 니콜라이 2세의 대관식에 참석하기 위해 러시아를 방문한 민영환(閔泳煥) 특명전권공사는 1896년 6월 13일 외무장관 로바노프를 만났다.

이 자리에서 민영환 특사는 러시아 군대 파견, 군사교관단 파견, 차관제공, 재정고문 초빙, 전신선가설 등 다섯 가지 요청 사항을 제시했다. 이 중 러시아군 및 군사교관단 파견요청에 대해 두 사람이 주고받은 문답은 다음과 같다.

고종의 호위를 위해 러시아 군대를 조선에 파견해 줄 수 있는가 (민영환).

왕이 러시아 공사관에 있는 동안 러시아 해군이 호위할 것이다. 공사관에 체류하고 싶은 만큼 체류할 수 있다(로바노프).

조선군대를 훈련시키는 동시에 왕을 호위할 군사교관 200명을 파견해 줄 수 있는가(민영환).

군사교관은 파견할 것이나 빠른 시일에는 곤란하다(로바노프).

당시는 고종이 러시아 공사관에 피신해 있던 아관파천(1896년 2월 11일~1897년 2월 20일) 기간 중이었다. 고종은 자신의 안위를 보호해 줄 믿을 만한 군대가 절실하게 필요했고 러시아군이 그 같은 역할을 해 줄 것으로 여겼다. 고종은 일본인 특히 일본 군사고문단의 한반도 진출을 꺼려했다.

대신 러시아 군사교관단을 초청하고 싶었다. 하지만 군사교관단의 파견은 러시아의 동의만으로 해결될 간단한 문제가 아니었다. 열강을 동원한 일본과 친일파들의 거센 반발에 부딪혔다. 러시아로서도 극동 주둔 군사력의 대(對)일본 열세를 잘 알고 있었고 당시 군사교관단의 파견은 군대 파견의 전제조건이자 러시아의 확고한 한반도 지배의사로 해석되는 분위기였기 때문이다.

1896년 2월 23일 일본 주재 군사무관 보각 대령은 참모본부 학술위원회에 보낸 전문에서 "조선의 군사교관단과 재정고문 파견요청에 동의하면 일본을 자극하게 될 것이다. 이 경우 일본 정계에서 조선 문제에 관해 러시아와 협력을 하려는 분위기를 파국으로 이끌거나 아니면 일본의 적극적인 개입을 불러올 수 있다."고 주장하는 등 러시아 군 내부에서도 반대여론이 팽배했다.

이 때문에 러시아 정부는 파견 결정을 차일피일 미뤘고 주한 베베르 대리공사와 대립각을 세우기도 했다. 결국 군사고문단의 규모를 대폭 축소하는 선에서 이뤄졌다.

조선의 불안한 정세로 보아 군사교관단과 재정고문 파견문제를 고종과 협의하기는 아직 시기상조이다(1896년 3월 1일 로바노프 외무장관이 쉐페이예르 서울 주재 공사대리에게).

가능하면 신속하게 군사고문단을 파견해야 한다. 그것이 왕권강화, 질서회복 그리고 일본견제책의 유일한 수단이다(같은 해 3월 20일 베베르가 외무부에 띄운 보고문).

국방부에서 검토한 결과 고종의 시위대는 러시아인 장교를 지휘관으로 한인 1개 대대로 구성하고 교관은 위관급 5명, 상사 4명, 하사관 10명과 소총 1000정이 적합하다고 한다(1896년 4월 28일 외무장관이 베베르에게).

고종은 무기와 교관단 파견결정에 감사를 표했다. 조선군은 4,000명이기 때문에 왕의 시위대 외에 서서히 다른 부대의 교육도 위탁하고자 한다(같은 해 같은 달 30일 베베르가 외무부에).

1896년 11월 22일 러시아 하바로프스크에서 민영환 특사와 청국 주재 군사무관이던 푸차타 대령 사이에 제1차 군사교관단 초청계약서가 체결됐다. 계약에 따르면 초청기간은 1년이며, 인원은 장교 2명, 하사관 10명, 군의관 1명, 악장 1명 등 모두 14명으로 돼 있다.

조선 측은 장교급에겐 매월 150엔, 사병에게 20엔의 월급과 숙소를 제공키로 했다. 제물포까지의 여비와 부임수당 등도 별도로 부담하는 조건이었다. 이들 중 악장을 제외한 13명이 블라디보스토크에서 그레마쉬 호를 타고 제물포항을 통해 입국했다.

2. 푸차타 러 군사교관단장의 수기

우여 곡절 끝에 13명의 제1차 러시아 군사교관단은 1896년 10월 24일 조선 땅에 들어왔다. 고종이 요청했던 200명에는 턱도 없이 모자란 숫자였지만 군사교관단의 한반도 파견의 의미는 결코 무시할 수 없는 무게를 갖고 있었다.

러시아 군관에게서 훈련중인 대한제국군

러시아는 군사교관단의 파견과 함께 푸차타 대령을 군사교관단장에 임명했다. 또 1896년 1월 동부 시베리아 제2보병여단 소속 스트렐비스키 중령을 서울 주재 러시아 공사관 군사무관(軍事武官)으로 임명했다.

1895년 6월 17일 아무르군관구 참모부장이 외무장관에게 "이제 서울에도 별도의 상주 군사무관이 필요하다. 앞으로 극동의 분쟁에서 조선의 무력이 큰 변수로 등장할 것이 분명하다."라고 강력하게 주장한 데 따른 후속조치였다.

스트렐비스키 무관은 1902년 라벤 중령과 교체될 때까지 서울에서 근무했다.

조선은 청·일전쟁(1894~1895) 이전까지는 지리적 특성으로 러시아 우수리지방의 중요한 국경을 보호해 주는 방벽 구실을 했다.

현재 독립국가로 인정을 받고 있지만 앞으로는 어떤 운명을 맞게 될 것인지 예상하기 어렵다. 그러나 조선의 최근 역사를 분석해 볼 때 아마도 국내의 혼란으로 인해 정치적 욕망이 많은 열강, 특히 일본의 세력 각축장으로 변하게 될 것임이 틀림없다(푸차타 군사교관단장의 1897년 수기).

조선은 60,000명의 상비군을 보유해야 국내 질서가 안정될 것이다. 고종은 유럽식으로 군사교육을 받은 30,000명의 정병(精兵)이면 충분하다고 말하지만 현실에 맞지 않다. 60,000명 정병 양성은 조선의 영토나 국민 수로 보아 외국의 의심을 사지 않을 것이다. 그러나 조선과 병력양성문제에 관한 조약을 체결한 뒤 일본과 협의를 해야 할 것이다. 군부에 만연돼 있는 부패를 척결하고 공정한 예산집행이 이뤄져야 한다(1897년 6월 17일 푸차타의 비밀 보고서).

푸차타의 이 같은 조선군대 증강계획안에 대해 일본은 거세게 항의했으며 러시아 내부에서도 논란이 일었다. 증강계획을 포기하든지 일본과의 전쟁을 불사해야 할 것이라는 의견이었다. 전쟁은 러시아에 불리하기 때문에 이 계획에 착수하면 돌이킬 수 없는 우를 범할 것이라는 경고도 나왔다.

제1차 군사교관단의 대한제국 군 군사조련은 일단 성공적인 것처럼 보였다. 1897년 6월 9일 고종과 각부 대신 그리고 주한외교사절단이 참석한 가운데 열린 조선군 의장대 사열식은 참석자들에게 큰 감격을 안겨 주었다. 대한제국 군중 러시아 교관단 산하 부대로 들어오려는 경쟁도 치열했다.

당시 서울에는 대한제국 군 5개 대대병력 4,000여 명이 있었지만 모든 것이 엉망이었다. 30대의 젊은 한국인 대대장이 부대에 출근할 때는 부하들의 부축을 받으며 '영감행세'를 하기 일쑤였다.

병력 중 많은 숫자가 '유령 병력'이었다. 식비를 횡령하기 위해 숫자를 부풀린 탓이다. 대부분이 군인 신분을 창피하게 여겨 밖에 나갈 때는 사복으로 갈아입었다. 교관단은 이 중 1,600여 명을 선발해 2개 대대로 조직했다. 이들은 궁정을 경비하는 시위대 요원이었다. 따라서 훈련과목에는 궁중 예절과 궁중 호칭법 등도 포함돼 있었다.

러시아 정부는 대한제국 군대의 개편을 포함, 재정지원을 제공하고 제2차 군사 교관단을 또다시 파견하기로 결정했다. 장교 3명, 하사관 10명, 사관학교 교관·병기병·군악대지휘자 각 1명, 군악대원 3명, 위생병 2명 등 총 21명이다(1897년 5월 15일 베베르가 무라비요프 외무장관에게).

1차 군사교관단의 성공에 고무된 러시아가 제2차 군사교관단을 파견했다. 2차 교관단의 장교와 하사관 등 13명은 아무르군관구에서 차출됐으며 나머지 기능직은 예비역 중에서 선발됐다. 하지만 독립협회의 활동과 친일파의 득세 등으로 인해 대한제국 내 정세는 급격하게 반(反)러 감정이 확산되고 있었다.

급기야 1897년 8월 14일 푸차타 군사교관단장이 본국으로 소환되면서 알렉세예프 중위에게 교관단 통솔권이 위임됐다. 푸차타 대령의 야심찬 조선군 증강계획은 수포로 돌아갔지만 그는 이후 소장으로 진급, 아무르지사로 임명되는 등 출세가도를 달렸다.

푸차타 대령의 수기는 당시 극동 주변국가의 실정을 놀랍게 잘 파악하고 있다.

청·일전쟁 이후 태평양국가의 세력판도가 어떻게 변하든 앞으로 예상할 수 있는 것은 이 전쟁의 결과로 아시아에서는 점점 더 일본의 무력이 강화될 것이다. 이에 따라 러시아는 극동에서 정치적 이해를 보호하기 위해 불가피하게 취해야 할 문제가 대두되고 있다. 청국은 지난 30년간 유럽산 무기구매, 전함의 확보, 새로운 군제도, 유럽인 교관채용, 요새건설 등에 많은 투자를 했다. 그러나 이와 같은 많은 투자에도 불구하고 청국은 육군과 해군을 제대로 갖추지 못했다. 만약 청국이 군대조직을 근본적으로 개혁하고 관리의 뇌물과 횡포를 근절해야 한다는 것을 인식한다면 아마 현재보다는 인접국가에 위협적인 국가로 성장할 것이다. 반면에 일본은 내정 개혁 면에서 조직적으로 유럽식 질서를 도입시켰으며 현대에 요구되는 군대를 창설하고 경제발전을 이룩했다.

현재 조선은 청·일전쟁 때까지는 지리적 특성으로 러시아 우수리지방의 중요한 국경을 보호해 주는 방벽 역할을 했으나 독립국가로 인정을 받고서 어떤 운명을 받게 될 것인지 예상하기 어렵다. 그러나 조선의 최근 역사를 분석해 볼 때 아마도 국내의 혼란으로 인해 정치적 욕망이 많은 미국, 유럽열강, 특히 일본의 세력 각축장으로 변하게 될 것임이 틀림없다.

최근 여러 보고서로 미뤄볼 때 대한제국의 정세가 매우 불안하다는 결론을 내릴 수 있다. 관직에 있는 사람이나 모든 당파가 러시아에 적대적이며 친러적인 성향을 갖고 있는 고종 황제 역시 매우 의심스럽게 되었다. 이러한 상황 때문에 러시아가 대한제국 국내문제에 적극적으로 개입할 수 없는 것이다. 니콜라이 황제께서 고종 황제와 대한제국 정부가 향후 러시아의 지원을 더 이상 필요로 하지 않는지 문의하라고 하셨다. 대한제국의 요청으로 파견된 군사교관단과 재정고문이 필요치 않다면 러시아는 마땅히 소환하겠다(1898년 3월 3일 외무장관이 쉐페이예르 대리공사에게).

대한제국 정부가 공식적인 회답을 보냈다. 현재 러시아의 군사 및 재정고문(알렉세예프)은 더 이상 필요 없다고 했다. 러시아는 모든 외국인 고문의 파면을 요청하고 최근 통역관(김홍륙) 살해 음모자 처벌을 요구해야 한다. 대한제국 정부가 거부하면 공사관 기를 내리고 원산을 점령해야 한다(같은 해 3월 12일 쉐페이예르의 회신).

평소 거칠고 직선적인 언사 때문에 초대 대리공사 베베르가 10년 동안 한국에서 닦아 놓은 외교적 성과를 물거품으로 만들었다는 평가를 받은 쉐페이예르는 '공사관 철수 후 한반도 북부 무력점령'이라는 극단 처방을 내놓았다. 니콜라이 2세는 1898년 5월 4일 대한제국에서 군사교관단과 재정고문의 철수를 허락했다.

러시아 군사교관단이 철수한 이후 대한제국 군의 조직은 일본의 수중에 넘어갔다. 일본에서 군사교육을 받은 20명의 한국인 장교들이 교관이 되었다. 1901년 1월 당시 대한제국 군은 장교 372명에 사병 1만 5,200명이었고 군대예산은 360만 엔이었다.

1, 2차 러시아 군사교관단의 한반도 파견과 철수시기를 전후해 일본과 러시아는 1896년 로바노프-야마가타 의정서(모스크바 프로토콜) 체결, 1898년 로젠-니시 협정 등 대한제국의 운명을 결정짓는 중요한 협정을 맺었다. 러시아가 일본과 일련의 협정체결과 함께 군사교관단을 철수시킨 것은 독립협회를 앞세워 반러 운동이 극에 달해 있을 때였다.

고종은 이후 국내외 압력에 밀려 러시아 교관단이 철수하도록 등을 떠민 자신의 '우둔한' 결정을 한없이 후회했지만 때는 늦었고 돌이킬 수 없었다. '눈엣가시' 러시아군이 떠나자 일본의 한반도 점령 프로젝트 추진에는 더 이상 거칠 것이 없었다.

3. 영 함대의 거문도점령과 러 군부의 대응

1885년 4월 15일부터 23개월 동안 영국의 극동함대가 거문도(전남 여수시 삼산면)를 무단 점령한 사건은 러시아의 태평양진출정책을 경계한 열강, 특히 영국의 극동에 대한 이해관계가 첨예하게 부딪힌 사건이었다.

비밀외교문서에 따르면 러시아 군부는 거문도 점령 당일 외무부에 급보를 띄워 대책마련을 촉구하는 한편 서울점령 등 강공책을 제시하는 등 급박하게 움직였다. 하지만 영국의 무력시위 앞에 러시아는 다소 유약한 모습을 보였다. 이 과정에서 영국과 청의 비밀 거래설도 제기됐다.

블라디보스토크호가 일본 나가사키(長崎)에서 귀국하는 길에 상황을 파악하기 위해 거문도를 방문한다. 거문도를 점령한 영국의 행위는 러시아에 적대적인 것이다. 러시아의 태평양함대사령부와 인접한 지역에 위치한 영국의 군사기지를 폐쇄하도록 항의해야 한다. 영국과의 협상에서 카스피 해 동부지역과 조선이나 일본의 항구를 점령해서는 안 된다고 주장해야 한다(1885년 4월 15일 해군성 부관리관이 기르스 외무장관에게 보낸 비밀문서).

만일 영국이 거문도를 합병한다는 소문이 사실이라면 러시아 순양함대는 동해에서 완전히 군사적으로 봉쇄당하게 된다. 또한 일본군이나 청국군이 서울을 점령하게 되면 러시아군이 그들을 몰아내고 아예 서울을 점령해야 한다(1885년 4월 18일 아무르 동부지역 총독 코르프가 황제의 시종 무관장에게 띄운 암호 전문).

러시아는 정보라인을 총동원, 영국의 점령의도와 군사력 능을 파악했다. 거문도 점령 9일 후인 4월 23일 일본 나가사키에 파견된 코스틸예프가 외무부에 보낸 전문에는 "거문도에는 1척의 영국 전함 이외에 2척의 소형함정이 있다. 오늘 식료품을 실은 기선이 거문도로 출발했다. 그곳에는 상륙병 50명이 있으며 나가사키에 있는 영국 군함에는 200명의 수병이 승선하고 있다."라고 보고했다.

또 베이징 주재 러시아 공사 빠포프는 1885년 9월 20일 외무부에 보낸 전문에서 "청국의 이홍장(李鴻章)은 영국의 거문도 점령을 결코 찬성하지 않는다. 그는 종속국인 조선의 보호를 의무로 여기고 있다. 청국의 거문도철수 항의를 영국이 수용하게 될지는 모르지만 거문도 때문에 전쟁까지는 일어나지 않을 것으로 판단된다. 러시아가 거문도를 점령하지 않겠다는 보장을 하면 영국은 거문도를 떠날 것으로 확신하고 있으며 영국의 거문도 점령은 러시아의 남하를 경계한 결과로 분석된다."라고 정확하게 분석했다.

청국 주재 군사무관 시누예르는 1885년 11월 17일 참모본부 학술위원회에 보낸 보고서에서 "확증은 없지만 청과 영국의 비밀거래가 아닌가 하는 의구심이 있다. 이홍장의 한 측근은 나에게 '영국은 러시아와 전쟁 시 거문도를 요새로 사용하고 전쟁 후에는 시설물 일체를 청국에 팔기로 했다.'고 귀띔했기 때문이다."라고 보고해 영국과 청의 거래관계를 의심하고 있다.

결국 북양대신 이홍장의 중재에 의해 러시아는 한국 영토의 어느 지점도 점령하지 않겠다는 확약을 했고 영국 함대는 1887년 2월 27일 자신들이 '해밀턴'이라고 이름 붙인 거문도를 떠났다.

제8장 고종과 니콜라이 2세의 10년 우정

1. 두 '마지막 황제' 주고받은 친서만 30통

고종과 러시아의 니콜라이 2세는 '먹고 먹히는' 약육강식의 제국주의 침탈 외교사에서 다소 의외라고 여겨질 만큼 특별한 관계를 유지했다. 고종(1852~1919)은 1907년 헤이그밀사사건으로 강제로 대한제국의 황제자리를 아들 순종에게 양위했지만 사실상 조선왕조의 마지막 전제군주였다.

니콜라이 2세(1868~1918) 또한 1917년 2월 혁명에 의해 퇴위당한 뒤 유배지에서 처형당한 러시아 로마노프왕조의 마지막 황제였다. 동병상련의 정서가 통했다는 분석도 가능하다.

니콜라이 2세 가족

　물론 두 사람의 관계가 황제 대 황제의 동격 관계는 아니었다는 점은 분명하다. 꺼져 가는 국운을 붙잡기 위해 안간힘을 쏟은 고종이 일본을 밀어내기 위해 러시아에 매달리는 입장이었다면 니콜라이 2세는 만주에서의 이익 등 국익에 반하지 않는 수준에서 '외교적'으로 고종을 대했던 것으로 볼 수 있다.

　밀월관계의 출발은 아관파천(1896년 2월 11일~1897년 2월 25일)이었다. 초대 서울 주재 대리공사로 10년 넘게 서울에 주재하면서 고종과 두터운 친분을 쌓은 베베르가 다리를 놓았다.

　대(大)러시아제국의 '차르'였던 니콜라이 2세에게는 저 멀리 극동에 위치한 작은 나라의 왕이 자국 공사관에 1년 이상 몸을 의탁한 채 도움을 요청하자 애처로움과 동시에 흥미를 느꼈을 수도 있다.

　이 같은 관계의 성립은 니콜라이 2세의 자상한 성격과 정교회 신자로서 믿음이 작용한 측면이 엿보인다. 니콜라이 2세는 전제군주라고 보기에는 어려울 정도로 잔정이 많았다. 해외 각국에 파견돼 있는 외교관들의 상주서에 일일이 답하는 것은 물론 건강까지

체크했다.

이번에 발굴된 문서 중에는 고종과 니콜라이 2세가 친서를 서로 주고받은 사실이 30차례 가까이 등장한다. 대부분은 고종이 보내고 니콜라이 2세가 받는 형식이었지만 니콜라이 2세도 여러 통의 친서를 보냈다. 비공식 친서로는 1895년 7월 고종이 조선군 병참관 권동수(權東壽)를 연해주 지사 운테르베르게르 장군에게 보내 러시아 황제의 후원을 요청한 것이 있다. 그러나 고종은 이후 문제가 야기되자 파견 사실을 부인했다.

고종이 니콜라이 2세에게 보낸 첫 공식 친서는 1896년 니콜라이 2세의 대관식에 민영환(閔泳煥) 특사를 통해 전한 다음 친서이다.

짐의 나라는 관습은 물론 언어와 문자도 고유해 외국과는 판이하게 다르다. 불행하게도 짐 나라의 동쪽 이웃나라가 일본이다. 일본은 섬나라이며 관습은 짐의 나라에서 유래됐고 문자와 제도도 짐의 나라에서 가르쳐 주었다. 그 때문에 일본은 짐의 나라를 자기의 조상과 주인의 나라로서 섬겼다. 최근에 일본이 서양의 제도를 흉내 내고 배워 동양의 맹주가 되려 한다. 짐은 폐하가 짐의 나라의 실정을 동정하고 정의를 토대로 세계 열강제국이 짐의 나라에 대한 일본의 불법적인 행위를 꾸짖고 나라의 독립을 침해하지 못하게 모든 조약규정 위반을 즉시 중지하도록 권고하여 주시길 바라고 바란다. 끝으로 짐은 눈물로 폐하께 호소하며 만수무강을 기원한다.

고종이 보낸 '눈물의 편지'를 읽은 니콜라이 2세의 마음이 움직였는지 러시아는 1896년 10월 군사교관단과 재정고문을 파견했다.

그리고 1897년 고종이 대한제국으로의 국호 변경과 황제 즉위 등 칭제건원(稱帝建元)을 선언하자 열강 중 가장 먼저 이를 승인하고 축하전문을 보내왔다.

눈치를 보던 일본, 미국, 프랑스, 영국이 줄줄이 뒤를 따랐다. 고종은 혹시 러시아가 거부할지 몰라 노심초사했으며 "승인을 하지 않더라도 곧바로 거부하지 말고 현재의 호칭(대군주)으로 대해 주기를 바란다."고 연막을 쳤던 터라 기쁨은 이루 말할 수 없었다.

두 사람 간의 밀착관계는 1898년 조선이 러시아 군사교관단 및 재정고문 알렉세예프의 본국 소환을 요청하자 금이 가는 것처럼 보였다. 고종은 "재정고문과 군사교관단의 소환으로 야기된 일련의 사태가 그동안 베푼 황제의 호의에 아무 영향이 없기를 바란다."고 조심스러워했으나 니콜라이 2세는 "고종 황제 개인에게 변함없이 호감을 갖고 있다는 사실을 알려 안심하도록 진정시키라."는 지시를 내리면서 일단 무마됐다. 니콜라이 2세는 내심 불쾌했지만 복심(腹心)은 드러내지 않았던 것이다.

이후에도 니콜라이 2세는 "고종 황제 개인이나 대한제국 정부가 앞으로도 러시아의 지지가 불가피하다는 것을 인정하고 있는지 문의하라."는 칙령을 내리는 등 고종과 원만한 관계를 유지했다. 하지만 고종이 위험에 직면하면 공사관으로 피신시키겠다는 제2, 제3의 아관파천 공작을 서울 주재 공사관에서 보고하자 "그런 일은 현재의 정치여건 아래서는 지극히 위험한 사태를 몰고 올 수도 있다."면서 발을 빼는 듯한 태도를 취했다.

두 사람의 관계는 1902년 고종의 즉위 40주년 기념식에 니콜라이 2세가 베베르를 특사로 파견키로 하면서 절정에 올랐다. 니콜라이는 고종에게 축하 친서와 함께 다이아몬드로 장식한 성 안드레이 사도 1급훈장 등 러시아 최고 훈장을 선물로 보냈다.

이에 앞서 고종은 대한제국 최고 훈장인 금척대훈장을 니콜라이 2세에게 보낸 바 있다. 안드레이 1급 훈장은 정교회 국가인 러시아 최고의 훈장으로 명예는 물론 당시 가격으로 5,000루블을 호가하는 최고의 선물이었다. 그러나 기념식이 콜레라 창궐로 연기되는 바람에 수여되지 않았다.

고종이 "기념식은 연기됐지만 베베르를 서울에 체류토록 해 달라."고 요청하자 니콜라이 2세는 "폐하의 요청을 받고 짐은 만약 뜻밖의 어려움만 발생하지 않는다면 폐하의 재위 경축식이 다시 열리는 내년 4월 17일까지 베베르의 서울 체류에 동의한다."는 친서를 보내는 등 서로의 돈독함을 공개적으로 드러내 보였다.

이후 1903년부터 1904년 사이 두 사람은 명헌태후 서거 애도 친서, 니콜라이 2세의 황태자 득남 축하 친서 등을 주고받았다. 고종은 "황제께서 황태자를 생산하셨다는 소식을 듣고 서둘러 진심으로 축하를 드리고자 한다. 이 기쁜 소식을 듣자마자 즉시 축전을 치는 것이 도리였으나 일본의 방해 때문에 할 수 없이 이제 서한으로 축하를 드리게 됐다."고 기술했다. 니콜라이 2세는 "감사함을 전하라."고 공사관에 지시했다.

2. 니콜라이 2세 "국내문제로 더 이상 도울 수 없다"

러·일전쟁(1904~1905)이 일어나자 고종은 "러시아의 승리를 확신하며 대한제국의 독립을 수호해 주기를 바란다."는 친서를 띄

윘고 "러·일전쟁 발발 시 중립을 승인한다."는 니콜라이 2세의 친서를 전달받자 곧바로 중립선언문을 작성, 일본을 비롯한 열강에 보내 중립을 선언했었다.

하지만 러·일전쟁에서 러시아가 패배하자 일본은 보란 듯이 강제적으로 을사늑약을 체결했다. 이로써 러시아의 힘을 빌려 일본으로부터 벗어나려던 고종의 전략은 한계에 부딪힌다.

러시아는 모든 열강이 대한제국을 독립국으로 승인했음에도 불구하고 일본이 무력으로 독립과 불가침권을 침탈한 데 대해 견해를 밝힌 바 있다. 러시아 외무성은 일본 정부가 고종을 일본으로 이송, 미리 준비한 비밀장소에 연금시킨다는 계획을 믿을 만한 소식통으로부터 입수했다. 러시아는 천인공노할 일본의 계획에 항의하지 않을 수 없다(1905년 5월 10일 외무부가 해외 러시아 공관에 보낸 회람전문).

니콜라이 2세도 이 전문 상단에 "일본의 그런 행위는 어떻게든 예방돼야 한다."고 지시하는 등 고종의 안위를 지켜 주기 위해 안간힘을 썼다. 덕분에 고종의 일본 강제 이송 및 연금 계획은 무산됐다.

고종 개인에 대해서는 우정을 유지했지만 기울어진 대세는 니콜라이 2세로서도 어쩔 수 없었다. 을사늑약 체결 직후 고종이 "일본은 미리 작성해 온 조약문에 국새를 강탈해 날인하고 짐의 서명을 강요하였으나 단호히 거절했다. 황제께서는 유럽 문명국에 일본의 만행을 알려 대한제국의 독립을 수호해 주시길 거듭 앙망한다."고 호소했으나 니콜라이 2세는 "국내문제로 더 이상 대한제국을 도와줄 수 없다."고 냉정하게 거절하였다.

이후 헤이그밀사파견(1907) 등 고종의 거듭되는 친서와 러시아에로의 정치망명 요청 등에 대해 러시아는 포츠머스 강화조약(1905) 준수와 극동질서를 강조하는 등 계속 딴전을 피웠다. 1905년 '피의 일요일'사건으로 러시아혁명이라는 폭풍 앞에 선 니콜라이 2세로서도 동방의 소국에 더 이상의 잔정을 줄 여유가 없었던 것도 사실이다.

"고종 황제는 병이 들어 나약하고 병력이 없는 군부대신은 허수아비처럼 서 있고 다른 각부 대신은 일본인에 복종하고 있다. 노쇠한 황제는 고통스러운 감금의 나날을 보내고 있으며 대궐 안팎은 일본인의 감시와 경비가 삼엄하다. 알현이 제한된 것은 물론 제3자를 통한 연락도 제한을 받고 있다."는 1908년 12월 8일자 소모프 총영사의 고종 및 대한제국에 대한 근황보고서는 두 마지막 황제의 관계가 대한제국의 몰락과 함께 종극(終劇)을 향해 치닫고 있음을 보여 준다.

3. 러시아 외교관들이 본 조선왕가 인상기

조선왕가

서울에 주재한 제정 러시아의 외교관들은 대한제국의 왕가(王家)에 대해 어떤 생각을 품고 있었을까.

제정 러시아 시대의 외교문서를 보면 러시아 외교관들은 고종과 주위의 대신들에 대해 매우 비판적이었다. 순종을 비롯해 엄비와 대원군, 다음 왕위를 노리는 왕자들을 허약하게 보았다.

오래전에 자주적인 통치력을 상실한 고종은 측근에게조차 권위가 없다. 또 우유부단한 상태에서 대한제국 지배계급의 어느 한 집단이나 혹은 끊임없이 교체되는 명칭만 요란한 독립협회, 황국협회, 만민공동회, 친러파, 친일파, 친미파, 친영파 그리고 친독파로 구성되는 대신들에 의지하고 있다(1901년 파블로프 대리공사).

고종 황제 자신은 아주 호감을 주는 인물이나 많이 쇠약해져 있다. 황실에서는 고위직과 하위직을 막론하고 음모, 뇌물수수, 매수가 만연돼 공적과 능력에 따라 관직에 임용되지 않고 뇌물의 액수에 의해서 임용이 결정된다(1903년 베베르 초대 대리공사).

명성황후의 시해 이후 10여 년 동안 사실상 왕비의 역할을 한 엄비(嚴妃)에 대해서도 "엄비는 평민 출신으로 양반들의 지지를 얻지 못하자 자기 목적을 이루기 위해 무당의 굿에 의존했다(1903년 베베르)."고 힐난한 대목도 나온다.

대원군에 대해서는 실제 이상으로 부정적이다. 틈만 나면 고종 암살기도설 등을 보고하고 있다.

1896년 베베르는 "고종은 부친 대원군을 숙청할 생각을 갖고 있지만 결단을 내리지 못하는 것 같다. 러시아가 대원군을 아무르주 혹은 사할린으로 이주시켜 주기를 바라는 고종의 소망을 실현시키는 것이 바람직스러운 일이다."라고 적고 있다.

대원군의 부인이자 고종 황제의 친모인 여흥부대부인(驪興府大夫人) 민씨가 80세를 일기로 서거하자 "고종은 모친을 몹시 사랑했다. 고종은 성품이 선량하고 동정심이 많고 나약한 점이 모친을 닮았다(1898년 쉬테인)."고 애도하기도 했다.

1898년 대원군이 아무르 동부지역 총독 그로데코프에게 보낸 편지도 흥미롭다. 처음으로 공개되는 이 편지에서 대원군은 "세상 어느 곳에서나 부모와 자식 간에는 화목하게 산다. 그런데 수십 년 전 4명의 신하가 고종 임금 앞에서 늙은 아비를 비방한 일이 있었다. 하늘에 맹세코 말하지만 우둔한 자들이 음모를 꾸며 부자지간을 이간시켜 놓음으로써 나는 지금도 아비취급을 받지 못하고 있다. 고종은 천성은 선량하나 나쁜 신하들의 영향을 받고 있다."면서 러시아에 원한을 풀어 달라고 요청하고 있다.

대한제국의 마지막 황제 순종에 대한 러시아 외교관들의 차가운 시선에는 애처로움이 느껴질 정도다.

순종의 즉위식이 8월 27일 거행됐으나 고종과 세자는 참석하지 않았다. 순종은 카키색의 군복을 입고 눈치를 살피면서 말을 꺼렸다. 황제의 인상은 침울하고 창백하며 놀란 듯한 두 눈에 얼굴은 병으로 부어 환자처럼 보였다(1908년 소모프 총영사).

고종 황제의 왕위를 이을 후계자에 대해 주목하면서 일일이 인물평을 늘어놓았다.

의화군 이강(李堈·후의 의친왕)을 유럽파견 공사로 임명했다고 조선 정부가 통보해 왔다. 이강은 왕비가 낳은 아들이 아니라 궁인(귀인 장씨)에게서 얻은 왕자로 젊고 유능하며 쾌활한 성격이다. 일부 사람들은 그가 앞으로 세자로 책봉될 것이며 좀 우둔한 세자(순종)보다는 덕망이 있을 것이라고 한다. 하지만 고종은 세자를 더 사랑한다(1895년 베베르)

영친왕   덕혜옹주

또 1906년 1월 1일 고종 황제와 황실가족과의 신년 경축 알현식에 참석한 플란손 총영사는 "장자인 황태자는 30세로 명성황후의 적자이며 법통 후계자다. 의친왕(李堈))은 17세이며 명성황후 생존 시 상궁 소생으로 미국과 일본에서 교육을 받았다. 삼자 영친왕(李垠)은 9세이며 엄비 소생으로 영특하고 야심만만하다."라고 평가했다.

제2부 퍼즐 맞추기 – 우리가 잘 모르는 우리 역사

러시아 문서보관소는 구한말 역사의 보고(寶庫)였다. 발굴된 문서 중에는 국내에 알려지지 않았거나 잘못 알려졌던 사실들이 수두룩했다. 특히 고종의 해외망명기도와 헤이그 밀사 파견의 좌절, 아관파천의 진실 등은 흥미를 끈다.

제1장 러시아 공사관 부지대금

1890년 서울 정동에 세워진 러시아 공사관의 부지 대금이 단돈 2,200멕시칸달러(현재의 페소 사용)였다는 사실이 제정(帝政) 러시아 시대 외교문서에서 밝혀졌다. 은(銀)본위제에 따라 당시 국내에서 통용된 외화는 멕시코 은화(멕시칸달러)로 당시 1멕시칸달러는 1원, 1엔과 동일한 가치를 가졌던 것으로 추정된다. 쌀 한 가마가 2원 남짓이었으므로 쌀 1,000여 가마 값이다. 쌀 한 가마(80kg)가 16만 원(2002년 현재) 정도임을 감안하면 대략 '2억 원+α'의 금액에 불과하다.

러시아가 공사관 터에서 100m쯤 떨어진 옛 배재고 터에 대사관을 신축하는 과정에서 우리 정부는 대토(代土)분 땅값 3,000억 원을 포함하여 모두 3,200억 원을 지불했다. 괜찮은 거래였다.

제정 러시아 대외 정책문서보관소(외무부소속)에서 입수한 문서에 따르면 초대 서울 주재 대리공사 베베르는 1885년 11월 2일 본국 외무부에 보낸 비밀 전문에서 "서울에서 좋은 공사관 부지를 찾았다. 이 언덕에서 조금 떨어진 낮은 곳에는 미국 공사관, 영국 총영사관 등이 자리해 있다. 조선조정은 언덕 주변을 포함 약 2㏊를 2,200달러에 매입할 것을 제의해 왔다."고 보고했다. 베베르는 공사관부지매입 예정지 지형도도 첨부했다.

이에 대해 러시아 외무부는 곧바로 일본 도쿄의 쉬페이예르에게 "베베르에게 속히 공사관부지 구입자금 2,200달러를 송금하라."는 전문을 띄웠다.

또 베베르가 1884년 11월 본국에 올린 앞으로 '서울 공사관 유지금 내역 상신서'에는 부지 구입비 5,000달러와 공사관 신축 예산 6만 달러가 각각 필요한 것으로 기록돼 있어 당시 조선 관리들은 베베르가 1년 전 감정한 가격보다 헐값에 넘겼던 것으로 추정된다.

제2장 아관파천 막전막후

1896년 2월 2일 전문으로 보고한 바와 같이 신변의 위협을 느낀 고종이 밀지를 보내 수일 안에 왕세자와 함께 공사관에 피신하겠다는 희망을 밝혀 왔다. 전임 대리공사 베베르와 함께 고종의 요청을 거부하지 않고 보호하기로 할 수밖에 없었다. 다만 궁중을 떠나는 날짜와 시간을 사전 통보해 줄 것을 부탁하고 고종의 밀지를 전해 온 이범진에게 궁중에서 러시아 공사관까지 오는 도중 예상되는 위험성을 지적해 주었다. 이범진은 고종이 궁중에서 더 많은 위험에 노출돼 있다고 믿기 때문에 이미 모험을 무릅쓰기로 결심했다고 말했다. 다음 날(2월 3일) 고종은 고맙다는 말을 전하면서 '2월 9일 저녁 공사관에 도착할 예정'이라고 했으나 이날 결행하지 않고 경비병 증원을 요청해 왔다. 공사관은 알렉세예프 극동 총독에게 긴급요청, 2월 10일 해군대령 몰라스가 100명의 수병을 인솔하고 서울에 왔다. 고종은 2월 11일 새벽 7시 30분에 공사관에 왔다(1896년 2월 11일 쉬페이예르 대리공사가 로바노프 외무장관에게 보낸 보고문).

고종이 러시아 공사관으로의 피신을 결심한 뒤 측근 이범진을 통해 밀지를 보내고 당초 결행키로 한 날짜를 어겨 가면서 피신하기까지 10일 동안의 급박했던 순간을 보고한 비밀 전문 내용이다.

당시 서울에는 전임 베베르 대리공사도 함께 있었다. 멕시코 공사로 발령을 받은 베베르가 업무 인수인계를 위해 서울에 남아 있었기 때문이다. 하지만 일본 주재 러시아 공사 히토로보가 갑자기 사망하자 러시아는 고종과의 친분을 고려, 쉬페이예르를 도쿄로 보내고 쉬페이예르가 다시 부임할 때까지 베베르를 유임시켰다.

문서내용에 따르면 아관파천은 대한제국에서의 주도권을 노리고 고종과 친러파들의 공사관 피신요청을 모르는 척 들어준 러시아의 '기획외교'의 결과물처럼 보인다. 물론 서울에 부임해 온 지 한 달밖에 안 된 쉬페이예르 대리공사의 입장에서는 주재국 국왕의 공사관 피신이라는 엄청난 사건을 맞아 다소 흥분, 실체를 부풀렸을 수도 있다.

당시 서울 주재 대리공사로 10년 가까이 근무한 베테랑 외교관이던 베베르는 1903년에 쓴 수기 '1898년 전후 대한제국'에서 "뜻밖의 정변이 발생했다. 러시아 공사관 경비해군은 160명이었으나 서울 주둔 일본군 수비대는 1,000명이 넘었다. 러시아는 이때부터 이전 일본이 누리던 영향력을 대신하게 되었으며 한·러 관계에 새로운 장이 열리기 시작했다."라고 외교적으로 해석했다. 쉬페이예르는 러시아 공사관에 375일 동안 피신해 있던 고종이 환궁한 지 1년도 채 안 된 1898년 2월 21일 전문에서도 "고종에게 러시아 공사관으로의 피신을 권했다."라고 보고하는 등 제2, 제3의 아관파천을 꾀했다. 이에 대해 베베르는 수기에서 "쉬페이예르가 대한제국 정부와 독립협회, 그리고 일본과 자주 충돌하는 경솔한 행동을 해 러시아의 영향력이 상실됐다."고 질책하고 있다.

제3장 칭제건원(稱帝建元)의 뒷이야기

고종은 왜 506년 동안 이어 온 조선(朝鮮)이라는 유서 깊은 국호를 버리고 대한제국(大韓帝國·1897~1910년)으로 국호를 바꿨을까.

국호변경의 배경에는 새 국호를 통해 자주독립국을 천명하고 풍전등화 격인 나라의 부흥을 이루겠다는 복심이 있었다. 하지만 사실은 '제국(帝國)'이라는 명칭에 집착했던 것 같다. '황제 등극'을 원했다는 얘기다.

이처럼 황제칭호를 바란 데에는 나라를 통째로 집어삼키려는 일본 '천황'과 러시아, 청나라와의 동격 대우를 노린 대외용이라는 분석도 가능하지만 실은 국내에서의 위상제고의 필요성 때문이었다.

고종의 칭제건원(稱帝建元) 문제에 대한 러시아 측의 비밀 전문 한 장은 이 같은 궁금증을 풀어 준다.

고종이 황제의 존호를 쓰기로 단호한 결심을 하였다. 나는 세계

어느 나라도 고종을 황제로 승인하지 않을 것이라고 확신, 고종에게 칭제건원을 하지 않도록 백방으로 권고했다. 그러나 고종은 열강이 황제존호사용을 승인해 줄 것으로 기대하진 않지만 대원군과 대비의 음모 때문에 황제즉위식을 갖는 것이 부득이하며 영국에 체류하고 있는 대원군의 손자(李埈鎔)를 왕으로 옹립시켜 자신을 퇴위시키려는 가능성을 차단하고 싶다고 했다. 특히 황제에 즉위하면 백성들의 눈에 자신이 대원군이나 대비보다 상좌에 있는 것으로 보이지 않겠느냐는 것이다. 고종은 무엇보다 러시아가 황제존호를 거부하지 않을까 걱정하고 있다. 때문에 니콜라이 2세 황제가 자신을 황제로 승인하지 않는다 하더라도 곧바로 거부하지 말고 현재의 호칭인 '대군주(大君主)폐하'로 불러 주기를 바란다고 했다(1897년 10월 28일 쉬페이예르 대리공사가 외무부에 띄운 비밀 전문).

쉬페이예르는 또 1897년 10월 20일 무라비요프 외무장관에게 "고종 황제의 즉위식이 있은 다음 날 정부에서는 앞으로 우리의 국호는 조선이 아니고 대한제국(大韓帝國)이며 여기서 대한(大韓)이란 고대의 3국인 마한(馬韓), 진한(辰韓), 변한(弁韓)을 상기하는 큰 왕국을 뜻한다고 말했다. 국호의 변경목적을 전혀 이해할 수 없으며 대신들도 만족할 만한 설명을 하지 못하고 있다."고 대한제국 국호의 기원에 대해 다소 비아냥거리는 보고서를 올렸다.

제4장 고종의 러시아 망명기도와 전말

고종의 러시아 공사관 피신은 이후에도 여러 차례 거론된다.

최근 이범진 공사가 수차례에 걸쳐 고종 황제가 친일파의 새로운 간계 때문에 위험한 상태에 있다고 말한다. 필요할 경우 다시 러시아 공사관에 피신하려 한다고 하며 친일파들은 의친왕 이강을 제위에 오르도록 일을 꾸미고 있다고 한다(1902년 5월 15일 람즈도르프 외무장관이 파블로프 대리공사에게 보낸 비밀 전문).

고종 황제가 위험에 처했다는 어떠한 증후도 현재 포착하지 못했다(1902년 5월 19일 파블로프가 외무장관에게 보낸 답신).

이처럼 러시아 공사관으로의 재피신 가능성이 오가는 가운데 러시아 망명에 대한 비밀 보고서는 1903년에 처음 등장한다.

오늘 고종 황제가 신임하는 환관을 통해 일본이 대한제국을 점령하리라는 것은 의심의 여지가 없으며 서울 주둔 일본군은 궁정을 포위하고 있고 그들에게 매수된 시위대가 자신을 살해할 것 같으니 어떻게 하면 좋은지에 대해 러시아 정부의 조언을 요청했다. 아마 고종 황제는 자신이 위기에 처하면 공사관이 러시아로 망명을 할 수 있도록 은신처를 제공하겠다는 약속을 기대하고 있는지도 모른다(1903년 12월 30일 파블로프가 외무부에 보낸 비밀 전문).

대한제국 황제가 일신상에 위험이 있을 경우 불가피하게 러시아 공사관에 피신처를 구하거나 아니면 러시아로 탈출하는 문제에 대해 러시아 측의 협조 가능성을 은밀하게 타진해 왔다. 고종은 대궐을 빠져나오기 쉽고 피신을 예상할 수 없도록 하기 위해 대비(1904년 1월 2일 서거)의 시신을 이장할 때 사당에서 공사관 담장의 샛문을 통해 오겠다는 것이다(1904년 1월 21일 파블로프가 외무부에 띄운 보고서).

하지만 이에 대한 러시아 본국의 답신은 없었다. 고종이 헤이그 밀사사건으로 퇴위하고 난 뒤인 1908년부터 합병 직전인 1910년 사이에 망명설이 집중적으로 다시 꼬리를 물고 나오기 시작했다.

전 고종 황제가 배편으로나 육로로 러시아 망명을 준비하고 있다고 한다. 고종이 러시아 영토에 출현하면 다시 극동에 심각한 위협이 초래되어 대한제국 문제를 둘러싼 한·러 관계는 긴장이 조성될 것이다. 그러므로 가장 바람직한 조치는 극동정세를 복잡하게 만들 수 있는 고종 황제의 망명계획을 거부하는 것이 좋다(1908년 11월

20일 도쿄 주재 말레비치 대사가 외무부에 보낸 비밀 전문).

전 고종 황제가 러시아나 청국으로 피신할 마음을 갖고 있다. 이는 황제 자신이나 백성을 위해 바람직하지 않다는 권고를 했다(1909년 1월 8일 소모프 총영사가 외무부에 보낸 비밀 전문).

당시 고종은 일본의 핍박과 잇따르는 시해기도에 몸도 마음도 만신창이 상태였던 것 같다. 심지어 "차라리 해외에 나가 죽어도 좋다."는 말을 소모프 총영사에게 했을 정도였다. 의병의 도움을 받아 일본 감시요원을 따돌린 뒤 러시아나 청국 국경까지 탈출할 기회를 엿보겠다는 생각을 품고 있었던 것이다. 역사에 '만약'이란 가정법은 없다지만 한일합병 이전에 고종의 러시아 망명이 성공했더라면 역사는 또 어떻게, 어디로 흘러갔을지 자못 궁금한 장면이다.

제5장 러·일전쟁 첫 개전지는 인천 팔미도

침몰중인 러시아 발틱 함대

러·일전쟁(1904 - 1905)의 개전은 중국의 여순에서 발생한 것으로 지금까지 알려져 왔으나 사실은 인천항 앞 팔미도 해상에서 첫 발발했다.

2월 8일 오후 4시 러시아 포함 까레예츠 호는 우편물을 싣고 본 공사의 지시에 따라 여순으로 출발하였다. 제물포 근교 팔미도를 지났을 때 입항하는 일본 함대를 목격했다.

함대는 순양함 3척, 외뢰정 8척 그리고 그 뒤에 군인을 승선시킨 대형수송선 3척으로 구성되어 있었다. 제독(提督)기를 달고 있는 일본 순양함 아사마와 평행을 이루었을 때 까레예츠 호 함장은 해군의 통상 예절에 따라 경례를 보냈다.

그러나 순양함 아사마는 답례 대신에 좌현으로 선회하였고 어뢰정들이 까레예츠 호를 포위하였다. 이때 까레예츠 호 함장도 다시 선수를 우현으로 선회시켜 정박지 인천으로 귀항해 뜻하지 않은 공격에 대처하려고 했다. 까레예츠 호가 바랴그 호 외에 외국 군함 4척이 정박하고 있는 정박지에 거의 도착할 무렵 3척의 일본 어뢰정이 까레예츠 호에 각각 어뢰 1발씩 발사했다.

그중 2발은 옆으로 지나가 피해를 면했으나 제 세 번째 어뢰는 2,134m 앞에서 폭발하였다. 그때 까레예츠 호도 응사하였다. 바로 러·일 전의 첫 포성이었던 것이다. 4시 30분이었다.

까레예츠 호 함장 벨야예프 중령은 정박 후 즉시 바랴그 호 함장 루든예프 대령에게 이런 사실을 보고했다. 다음 날 2월 9일 아침 7시 30분 인천항에 정박해 있던 영국 군함 탈보트, 프랑스 군함 파스칼, 이탈리아 군함 엘바 호, 미국 군함 빅스버그 호 함장은 각각 일본 함대사령관 우리우로부터 러·일이 적대 관계에 돌입했다는 것과 러시아 함대는 정오 12시 이전에 인천항을 출항하라는 명령서를 받았다.

긴박한 상황을 알게 된 바랴그 함상은 일본의 포위망을 돌파할 가능성이 없다고 판단하고 인천 외항에서 일전을 결심하게 되었다. 12시에 팔미도 앞 바다에서 일본 아사마 호가 바랴그 호에 첫 발포를 했다. 일본은 순양함 아사마 호 외에 5척의 순양함과 8척의 어뢰정이 가세하며 바랴그 호와 까레예츠 호를 공격하기 시작하였다.

바랴그 호와 까레예츠 호도 사력을 다해 응사했다. 한 시간 동안 해전은 계속되었으며 서울에서도 함포 소리가 똑똑히 들렸다고 보고하고 있다.

제6장 헤이그밀사사건의 진실

러시아는 대한제국의 주권불가침을 인정하며 국제회의에서 상기 견해를 밝힐 수 있도록 헤이그 만국평화회의에 대한제국 대표를 초청하였다. 초청장은 페테르부르크 주재 대한제국 공사에게 외교문서로 전달되었다. 러시아 정부는 이범진 공사를 합법적인 공사로 지금도 인정하고 있다. 그곳에 있는 고종 황제의 밀사에게 이 뜻을 전해도 무방하다(1905년 11월 1일 외무장관이 베이징 주재 러시아 공사 빠꼬틸로프에게 보낸 지시문).

이 지시문은 고종이 서울의 프랑스어학교 교사 마르텔을 베이징 주재 러시아 공사에게 극비리에 파견, 헤이그회의에 대한제국 대표를 초청토록 요청한 데 따른 러시아 측의 공식 답신이다. 이때까지만 해도 러시아의 외교적 입장은 대한제국의 독립국가 유지였으며 헤이그회의 참가를 지원했음을 알 수 있다. 헤이그 만국평화회의는 니콜라이 2세가 주창해 열렸고 러시아는 이 회의의 의장국이었기 때문이다. 그러나 을사늑약체결(1905년 11월 17일) 이후 새로운 국제정세가 전개되면서 러시아의 대한반도 정책은 혼선과 모순을 노출했다.

1907년 6월 30일 회의가 막상 개막되자 러시아는 대한제국 대표의 회의장 입장을 거부했다. 대한제국의 외교권을 강제로 빼앗은 일본의 침략상을 세계에 알리고 국제여론의 힘을 빌려 국권을 되찾으려 한 고종의 마지막 시도가 실패로 돌아갔다. 러시아가 일본 편을 든 때문이다.

러시아의 외교정책이 이처럼 방향을 튼 이유는 무엇일까. 일본과의 비밀협상이 진행 중이었기 때문이다. 양국은 1907년 7월 30일 체결한 협약에서 대한제국과 만주, 몽골 등 3개 지역에 대한 이해득실을 각각 정리했다. 두 나라는 ▲ 만주에서 양국 간 분계선을 확정하고 ▲ 러시아는 일본과 대한제국 간에 진행되고 있는 정치적 결속에 대해 간섭과 방해를 하지 않으며 ▲ 일본은 외몽골에서 러시아의 특수권익을 승인한다. ▲ 쌍방은 협약체결을 비밀로 한다는 내용에 합의했다.

러·일 비밀조약 체결 한 달 전에 고종이 밀사를 파견하자 당황한 러시아 외무부는 평화회의 의상인 넬리도프(전 파리 수재 러시아 대사)에게 부랴부랴 전문을 보내 입장을 거부토록 지시했다. 넬리도프도 "한국인들이 왔지만 접견을 거부했다."는 보고문을 본국에 띄웠다. 뿐만 아니라 러시아 외무부와 주일 러시아 대사 등은 대한제국의 헤이그밀사파견에 대한 정보를 비밀리에 일본 측에 흘렸다. 밀사들의 회의장 입장이 좌절된 뒤 이토(伊藤博文)가 고종에게 헤이그 만국평화회의에 대해서는 일언반구도 없이 양위를 요구한 것이 그 방증이다.

고종의 밀서

고종 황제의 측근인 윤택영(순종의 장인)과 권신 목(영어통역원)이 총영사관으로 찾아와 헤이그회의에 참석할 수 있도록 협조를 요청했으나 시기가 적절하지 않다고 설득해 보냈다. 또 이종호(이용익의 손자)를 위시한 일당이 블라디보스토크에서 연해주 지사에게 헤이그에 갈 수 있도록 협조를 요청해 왔다는 주지사의 전보를 받고 저지하도록 조치했다(1907년 7월 25일 플란손 총영사가 헤이그밀사사건과 관련, 외무성에 보낸 보고서).

이상설, 이위준, 이준(왼쪽부터)

국제정세에 어두워 러·일 비밀협상이 진행 중인 사실을 까맣게 몰랐던 고종은 니콜라이 2세와 러시아의 '변함없는 우정'만 믿고 3인의 밀사를 파견했던 것이다. 결국 밀사들은 황제 접견은커녕 외무장관도 만나보지 못했다. 러시아 외무성은 밀서를 서류철 속에 보관해 놓았을 뿐이다.

러시아는 대한제국에서 포츠머스조약(1905년 9월 5일 러·일전쟁 후 양국이 미국 포츠머스에서 체결한 강화조약)을 엄격히 준수하려고 한다. 이 조약으로 외무성은 대한제국이 러시아의 지원이나 협조를 얻어 일본의 압제를 벗어나려는 기대에 부응할 수 없다. 때문에 러시아 지방당국은 전 고종 황제(헤이그밀사사건으로 1907년 7월 19일 순종에게 양위) 정부의 지시에 의거, 러시아 국경 안에서 투쟁하는 한인폭도(의병)의 기도를 분쇄하고 있다. 한인들은 러시아가 대한제국의 독립투쟁을 바란다는 망상에서 벗어나야 한다. 헤이그에서 개최된 평화회의에 갑작스러운 대한제국 밀사의 출현은 서울에 무질서를 발생시켰으며 일본은 이 기회를 활용해 분명한 본보기(고종의 퇴위)를 보였다. 일본에 구실을 주는 한인들의 항일투쟁 고무발언을 삼가야 한다(1908년 10월 6일 외무장관이 새로 취임한 소모프 총영사에게 보낸 훈령).

니콜라이 2세는 이 훈령문 상단에 "공감한다."는 친필 의견을 남겼다. 지금까지 러시아가 적극 후원한 헤이그밀사파견이 일본의 집요한 방해공작에 의해 무산됐다는 학설과는 달리 헤이그밀사사건은 대한제국과 만주, 몽골을 맞바꿔 친 러시아의 냉혹한 국제외교의 부산물이었음이 증명된 것이다.

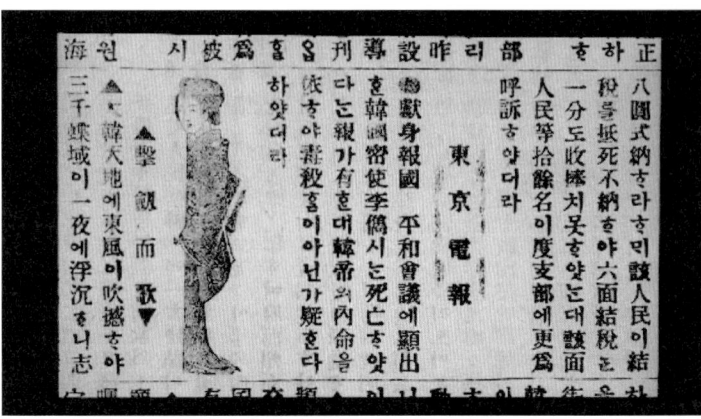

이준 열사 독살설을 보도한 대한매일신보

제3부 한·러 관계사를 어떻게 볼 것인가

제1장 전문가 좌담

최문형, 이인호, 박종효씨(왼쪽부터)

　한국 최근세사의 권위자로 역사학회 회장을 역임한 최문형 한양대 명예교수와 서울대 교수·주 러시아 대사·국제교류재단 이사장을 지낸 이인호 씨, 문서를 발굴·번역한 박종효 전 모스크바대 교수 등 세 전문가가 한·러 관계사 연구에 있어서 사료의 중요성과 한계 그리고 한·러 관계사를 어떻게 이해할 것인가를 주제로 좌담을 가졌다.

좌담은 '제정 러시아 외교문서 새 발굴, 대한제국 비사' 연재가 끝난 2002년 6월 9일 서울신문 회의실에서 열렸다. 다음은 좌담 전문이다.

● 최문형

오늘 좌담은 제정 러시아 시대 외교·군사자료의 발굴을 계기로 이뤄진 만큼 한·러 관계사 연구에 있어서 러시아 자료의 중요성과 한계에 대한 논의를 중심으로 진행하는 것이 좋을 것 같다.

● 이인호

국가와 국가끼리 서로를 이해하는 데 있어 사료가 얼마나 중요한 지를 먼저 말씀드리겠다. 한국이 러시아와 국교를 맺은 것은 1990년이다. 그러나 첫 수교는 1884년이었다. 한일합병과 분단으로 단절된 탓이다. 서로에 대해 제대로 알려면 그 나라와의 과거사를 이해하는 것이 대단히 중요하다. 개화기 러시아는 우리의 운명을 결정짓는 상당히 중요한 역할을 했다. 그럼에도 최근까지 러시아에 대한 자료가 없었다. 러시아가 우리를 어떻게 하려 했나를 미국이나 일본 등이 생산한 2차 자료에 의존했다. 정치적, 언어적 문제로 러시아 자료를 소홀하게 대접한 것이 사실이다.

● 박종효

러시아에 우리와 관련된 문서를 소장하고 있는 곳만 20곳에 이른다. 그중에서 가장 중요한 문서를 보존하고 있는 곳이 제정 러시아 대외정책문서보관소이다. 여기는 중요한 모든 문서가 비교적 잘 정리돼 있다. 나머지 문서보관소는 체계적이질 못해 찾기가 상대적으로 어렵다.

● 이인호

러시아의 문서관리체계는 독일식을 받아들여 매우 철저하다. 혁명 이후에도 제정시대의 자료가 거의 다 남아 있을 정도다. 냉전시대에는 접근불가였던 문서보관소의 문이 수교 이후 처음 열렸다. 우리나라에 나와 있던 러시아 공관의 문서가 그쪽에 다 있는데 그때까지는 접근조차 못 했다. 문서 발굴에는 언어문제 이외에도 전문적인 식견 등이 필요하다. 박 선생의 노고가 컸다.

● 박종효

목록에는 있는데 실제 볼 수 없는 문서도 있다. 한번은 조선이 러시아와 처음으로 국경을 맞대는 결과를 초래한 러·청 간의 베이징조약(1860) 원문을 보여 달라고 했더니 줄 수 없다고 하더라. 왜 안 되느냐고 따지니까 "너희 나라는 국익에 관련된 문서도 보여 주느냐."고 반문했다. 군문서보관소에 가면 고려혁명문서가 있다. 저음 갔을 때 33건 중 13건밖에 없다고 잡아뗐다. 사정해서 봤더니 신문지조각에 쓴 것도 있고, 상태가 아주 좋지 않았다. 나머지는 이미 파손된 상태였다. 또 우리나라 최초의 여권이 신문지 한 장 크기였다. 패스포트라고 영어로 씌어 있고 넘버까지 붙어 있었다.

● 이인호

조사·발굴 과정상의 애로사항을 충분히 이해한다. 문서 한 장을 찾으려면 절차상의 문제 때문에 최소 사흘은 걸린다. 비용도 만만찮다. 1991년에 갔을 때 구한말 관계 자료집 원본을 직접 만져봤다. 그다음에 가니까 복사본을 주더라. 자료 수집시기를 놓치면 안 된다는 것을 실감했다.

● 최문형

영국이나 미국과는 많이 다르다는 점을 이해하겠다. 미국 국립문서보관소도 사인을 6~7번을 해야 볼 수 있다. 필기도구를 못 가지고 들어가게 하고 복사도 자기들이 직접 한 뒤 집으로 보내 준다.

● 이인호

발굴 자료를 통해 간접적으로 얻는 정보도 많다. 예를 들어 러시아 공사관 부지 매입을 본국에 보고한 자료 등 무궁무진하다. 니콜라이 2세의 대관식(1896)에 특사로 간 민영환을 통해 고종에게 줄 선물로 쌍권총, 도수 높은 안경, 망원경, 농기계 등 네 가지를 고려하고 있다는 문서도 흥미로웠다.

● 박종효

1905년 한일보호조약(을사조약) 이후에 고종이 러시아 주재 이범진 공사에게 보낸 문건이 있는데 "사랑하는 조카, 내가 죽은 후라도 조국에는 돌아오지 마라. 니콜라이 황제한테 호소를 해서 지원을 받아라. 나는 일본에 포로 신세로 있다."는 애절한 내용이었다.

● 최문형

러시아에 있는 한 동포교수는 러시아가 시종일관 한국의 독립을 지지했다고 주장했다. 국제관계 속에서 한국의 독립이란 자기가 차지할 수 있을 때까지 다른 나라가 차지하지 못하도록 하자는 것이다. 일본이 차지하는 것을 방지하려는 차원이었던 것이다. 이 때문에 독립국 유지안, 중립화안, 남북 분할점령안 등이 등장한다. 그런 한계를 명확히 알아야 한다. 결론적으로 국제관계 속에서 러시아 측 자료에 전적으로 의지하면 곤란하다.

● 박종효

동의한다. 러시아가 한국의 독립을 순수한 동기로 지지한 것은 아니다. 만주이권의 보호를 위해 한국을 독립국가로서 일본과 완충지대로 두는 것이 유리하다고 보았다.

● 최문형

엄격한 의미의 한·러 관계사는 존재하지 않는다. 한·러 관계사란 사실은 한국을 둘러싸고 벌어진 러시아와 일본의 관계사라고 보는 것이 더 정확하다.

● 박종효

그렇지는 않다. 한국인이 극동지역으로 이민을 가거나, 국경선 기타 극동지역에서 한 독립운동도 러·일 관계에서 발생한 것인가?

● 이인호

그렇다. 일례로 1905년 을사보호조약으로 한국의 외교권이 박탈당한 뒤 러시아가 일본에 보낸 문서에서 "대한제국 발행 여권을 더 이상 인정하지 말라는 귀측의 주장은 한국인이 일본인이 된 것이므로 러·일 조약에 의해 최혜국 국민의 대우를 해주라는 말이냐."고 묻고 있다. 이에 대해 일본 측은 "그것은 아니다."라고 이율배반적인 태도를 취했다.

● 최문형

문제는 러시아 측 자료가 역사의 줄거리를 바꿀 만한 것이냐 하는 점이다. 내가 아는 바로는 거의 '뒷이야기'에 불과하다. 철두철미 국익에 따라 움직인 것이 러시아 문서의 한계이다. 국제관계 속에서 모든 배경을 이해한 다음에 러시아 문서를 봐야지 그렇지 않으면 의미가 없다.

● 박종효

연해주지역의 독립운동을 지원한 것도 일본에 대한 견제와 만주에 대한 기득권 유지, 자국 국경보호 등 여러 가지 이해관계가 얽혀 작용했다. 일부 러시아학자들이 러시아가 줄곧 한국의 독립을 지원했고 심지어 포츠머스강화조약(1905) 체결 이후에도 지원했다고 주장하는 것은 심한 측면이 있다.

● 최문형

왜 한국역사를 외국자료를 가지고 보려고 하느냐는 고루한 입장들이 있다. 상당 부분 없어졌지만 여전히 남아 있다. 러시아 군사교관단의 철수(1898)만 해도 러시아의 정책적인 고려의 의해서 결정된 사안인데도 불구하고 독립협회가 의거를 일으켜서 철수했다는 식이다. 우리의 최근세사를 재작성해야 한다는 얘기가 여기서 나오는 것이다. 예를 들어 명성황후 시해사건(1895)은 한반도의 주도권을 둘러싼 러·일 갈등에 의해 일어난 것이다. 아관파천도 고종의 자의에 의한 작품으로 알려졌지만 실은 러시아 측 공작의 산물이다. 당시 역사적 배경을 살펴보면 1895년 일본이 러시아, 독일, 프랑스 등 3국에 의해 이른바 삼국간섭을 당하니까 체면회복을 위해 명성황후 시해사건을 일으켰고 러시아는 아관파천을 통해 주도권을 빼앗았다. 한쪽 시각으로만 보면 안 된다.

● 박종효

일부 오해하고 있는 부분이 있다. 러시아가 철군에 앞서 고종에게 최종적으로 물었으나 고종이 더 이상 필요 없으니 철군을 하라고 하여 철군했던 것이다. 아관파천이 러시아의 공작에 의했다는 것은 일본 측의 주장이다. 교섭을 누가 했는가? 이범진이 한 일이다. 이런 점에서 러시아 측 문서가 필요한 것이다.

● 이인호

공감하지만, 약소국의 상황은 항상 그런 것이 아닌가. 열강의 관계 속에서 약소국을 바라보면 고종의 국권회복 노력처럼 그 틈에서 어떻게 저항했는가 하는 부분이 죽어 버릴 수가 있다. 그러한 숙명론은 안 된다.

● 최문형

우리의 노력이 있었지만 그것이 과연 강대국을 움직일 만한 노력인가라는 점에 초점을 맞춰야 한다. 을사보호조약 체결 이후 합병까지 5년이나 걸린 이유에 대해 일본의 일부 소장학자들이 "먹을 것 다 먹었는데 굳이 병합할 필요가 없었다."라고 주장하는 대목을 음미해 봐야 한다.

● 박종효

국제관계 속에서 봐야 한다는 말씀에는 동의한다. 단 국제관계
란 부분적인 나라 하나하나가 모여 이뤄진 만큼 각 나라의 역할을
무시해선 안 된다. 그래서 러시아자료도 일본자료나 미국자료처럼
필요한 것이 아닌가. 모두들 종합해서 봐야 한다. 현재 일본 측 자
료가 가장 많다. 그에 상대되는 자료가 러시아에 있다. 그래서 중
요하다.

● 최문형

최근세사를 다시 작성해야 한다는 말을 했는데 부연설명하자면
당시 우리가 처한 국제관계 속에서 우리의 위치를 이해해야 한다
는 의미이다. '새 나라의 어린이', '우리나라 좋은 나라' 식의 국사
교육은 곤란하다는 말이다. 최근세사와 관련된 국사서술과 교육을
바꿔야 한다는 말이다.

● 이인호

역사연구와 서술이란 간단치 않은 문제다. 사료 자체가 역사를
말해 준다고 하지만 해석자의 역할이 가장 중요하다. '협상된 역
사'란 말이 나오는 것도 그 때문이다. 이쪽에서 보면 '침략'이고
저쪽에서 보면 '진출' 식의 불분명한 영역에 대해 합의된 역사해석
이 필요하다. 우리 역사도 제대로 모르고 외국인들이 우리를 어떻
게 보는지도 모르는 우를 범해선 안 된다.

● 박종효

　러시아 측 자료가 다 진실일 수 없을 것이다. 하지만 우리 역사
가 거의 미국, 영국, 일본 측 기록에 의존하고 있는 실정이고 중요
한 한 축인 러시아 측 시각이 배제됐던 것도 사실이다. 러시아 측
자료를 전적으로 수용할 이유는 없지만 맞거나 혹은 빠져 있거나
냉전기간에 일본이나 미국 측의 사료나 출판물의 영향으로 발생한
오류는 반드시 수정이 가해져야 한다. 또 어차피 러시아는 한반도
와 국경을 접하고 있기 때문에 통일 후를 감안해서라도 한·러 관
계사의 올바른 재정립은 대단히 중요하다.

제4부 부록

제1장 베베르 수기 전문

'1898년 전후 대한제국'

대한제국은 지정학적으로 고대 문명국가인 청국과 일본 사이에 위치해 있고 천혜의 비옥한 토질과 기후로 오래전부터 서로 탐을 낸 청·일 간에 불화의 씨가 되어 왔다. 그러므로 대한제국은 스스로 국력의 쇠약함을 깨닫고 정치적 독립을 보존하기 위해 보다 강국이거나 침략적인 편에 서서 때로는 청국에, 때로는 일본에 번갈아 의존해 독립을 유지해 오고 있었다. 때문에 수 세기에 걸쳐 대한제국 정부의 대외관계는 우유부단과 허약성이 체질화되었다. 그래서 현대에도 외국열강과 조약 체결로 독립국은 되었으나 실정에 맞는 신조약 체결을 검토하지도 못하고 있다.

한인의 정치수준은 문제의 핵심을 파악하지 못하며 사건 처리는 개인적인 친밀감이나 호감으로 하고 인접국 러시아, 일본, 기타 열강의 국제관계 및 그들의 정치적인 구도를 이해하지 못하고 자신

베베르의 수기(원문)

이 어떤 위치에 처해 있는지도 잘 모른다. 종교, 언어, 문화, 예술 등은 강대국의 종속적인 영향을 받으며 국가의 경제적 실정을 고려하지 않고 허례허식에 낭비하면서 국고가 비면 외채를 도입하여 경제적인 예속을 자초한다.

1870년까지 대한제국은 청국의 속국으로 청국 황실에 몇 가지 예를 갖추고 청국의 월력과 연호를 사용해 왔다. 대한제국은 청국의 속국이었으나 결코 내정 간섭은 받지 않았으며 대신 청국은 대한제국을 일본의 침략으로부터 방어해 주었다.

지난 세기 최초로 동아시아 폐쇄 국가들의 대외 관계에 균열이 가기 시작하자 서구열강은 통상을 위해 청국과 일본을 개방시키고 러시아는 청국과 1860년 북경조약으로 흑룡강, 우수리강, 순가리강 그리고 대한제국 두만강까지 러시아 국경선을 확장시켰다.

이때 대한제국은 수 세기에 걸쳐 외부와 절연되어 문호개방을 거부하였다. 결국 대한제국은 1876년 일본과 강화도에서 불평등조약을 체결하고 부산을 선두로 원산과 제물포를 개항하게 되었다. 이어 1882년에는 미국, 1883년에는 영국, 독일, 1884년에는 러시아, 이탈리아, 1886년에는 불란서와 통상 조약을 맺어 구미제국에 문을 열었다.

개방 이후 대한제국은 외국인을 대단히 호의적으로 맞이해 주었으며 국민의 대다수가 서구문명이 청국보다 진보한 데 대해 경탄하고 봉건제도의 개혁이 불가피함을 인식하고 이웃 일본의 성공한 예를 따르려고 하였다.

이래서 개화파가 등장하고 주로 일본에게 조언과 지원을 요청하였다. 개화파는 외국에 한때 거주하였거나 정부 혹은 미국 선교사의 교육기관에서 외국어를 배운 청년층이었다. 많은 국민이 탐관오리의 착취와 악정으로부터 벗어나기를 바라며 개화파에 호감을 가졌다. 이러자 수구파는 국가제도의 근간을 형성하고 있는 유교의 몰락은 왕권을 붕괴시킬 것이라고 두려워하여 더욱 청국과 유대를 강화하려고 애썼다. 이렇게 되자 국민에게, 청국은 전제주의와 노예적인 복종의 상징으로, 반면에 일본은 진보문명과 자유의 옹호자로 비쳐지게 되었다. 그 밖에 소위 독립협회 같은 친미적 자유주의파가 많은 한인들 사이에 신망을 얻고 있었다. 독립협회 회원들의 정치적 성향이 북미의 공화제를 선호하는 쪽으로 발전하자 대한제국 정부는 독립협회 활동을 탄압하게 되었다. 한편 친일파와 친청파는 외세에 의탁, 자기의 세력을 유지하고 보장받기 위해 자청하여 청·일 양국의 충돌은 필연적일 수밖에 없었다.

일본은 점차적인 인구 과잉, 상공업의 발달 그리고 상업 활동이 증가하면서 자연적으로 저항을 적게 받는 외국을 향해 출구를 찾으려 했었다. 인구 밀도가 적은 대만 그리고 대한제국으로의 이주는 자연스런 현상이었다. 전에 일본인은 러시아 사할린에도 건너갔으며 남사할린을 쿠릴열도와 교환했었다. 일본인에게는 사할린 기후가 너무나 혹독하였다. 대만은 열대성 기후로 청·일전쟁 전에 청국 영토였으나 일본인에게는 매혹적인 거주지가 되지 못했다. 남은 곳은 인접국이자 천혜의 비옥한 약소국가 대한제국뿐이었다.

1890년대 초 청국 서울 주재 대표 위안스카이는 영국의 지원을 받아 대한제국에서 청국의 영향력을 강화하려고 모든 노력을 다했으며 또 청국에 병합하려고 했었다.

이와 같은 상황에서 일본 정부는 경쟁자 청국에 결정적 타격을 가해 가능하면 한반도에서 청국을 내쫓으려고 하였다. 그 밖에도 일본은 당시 복잡한 국내문제 그리고 유럽식으로 개편한 육·해군의 전투력을 시험해 보자는 군부의 요구를 수용하여 일본 국민의 관심을 외부로 돌리는 것이 바람직했었다. 전쟁은 청국의 완패로 끝이 났다. 일본군은 서울에서 약간 남쪽으로 떨어진 아산만에서 청국군을 격파하고 북한지역과 만주까지 청국 군대를 몰아냈다. 그 결과 시모노세키 조약이 체결되고 대한제국의 대부분은 일본군에 의해 점령이 되었으며 대한제국 군과 경찰은 일본인들이 고문관과 군사 교관에 취임했다.

일본 시모노세키에서 체결한 청·일조약 1조에서는 대한제국의 독립을 확인하였다. 그러나 역사상 아마도 1894년 하반기와 1895년(청·일전쟁과 민 왕후 시해사건)처럼 일본의 집요한 왕권 전복 음모와 가혹한 압박은 없었을 것이다.

그동안 일본이 대한제국에서 몇 가지 행정적인 개혁에 성공하고 재정관리와 경찰제도 등을 개선했다고 해서 정당성을 부여할 수는 없다. 급진적인 개혁을 시행하면서 가능하면 보다 많은 자국의 국익을 위해 일본의 권력과 영향력을 강화하려는 노력에서 그렇게 위장해야 했던 것이다.

그러나 일본인의 횡포는 오래가질 못했다. 한인에 대한 경멸적인 태도, 오랜 관습의 폐지(단발령 등)로 인해 불청객 일본손님에 대한 불평과 불만이 높아 가고 있었다. 마침내 일본은 1895년 10월 8일 그들 교관에 의해 훈련받은 조선군을 포함, 일본군과 사무라이를 시켜 대궐을 기습하게 했다. 그리고 일본의 지나친 내정간섭에서 벗어나 독립보존을 위해 청·일전 때 삼국간섭으로 일본을 요동반도에서 몰아낸 러시아의 지원을 기대한 현명하고 적극적인 성격의 민 왕후를 시해했다. 민 왕후가 평복으로 갈아입고 상궁들 틈에 숨어 있자 일본 폭도들은 수십 명의 상궁 머리채를 잡고 높은 노대 위에서 뜰로 사정없이 던지며 왕후를 찾아내라고 했다. 이때 공포에 질려 복도로 달아나는 민 왕후를 쫓아가 발을 걸어 넘어뜨리고 감히 왕후의 젖가슴을 발로 짓밟고 일본도로 난자한 후 그 시신을 끌고 가 기름을 뿌리고 화장한 천인공노할 만행을 저질렀다. 민 왕후가 잔인하게 일본인에 의해 시해된 사실이 알려지자 그 복수를 위해 전국적으로 봉기가 발생했었다.

이렇게 민 왕후가 시해당한 후 수개월이 지나도록 고종은 일본군의 감시하에 마치 포로처럼 대궐에 갇혀 있었다. 그러나 1896년 2월 11일 새벽 7시 30분 부인용 가마 두 대에 앉아 여자 복장으로 변장하고 고종과 왕세자는 러시아 공사관으로 피신해 오는 데 성공했다.

뜻밖의 병변이 발생한 것이다. 고종의 탈출 소식을 들은 수많은 문무백관과 수천 명의 군중이 공사관 담벽까지 몰려와 국왕의 탈출을 환호했다. 공사관에 이르는 길목은 환호하는 대한제국 군인, 경찰 그리고 군중들로 가득 메워 있었으며 친일파 세 사람은 타살당하였다. 전 국민적인 축제 분위기였다.

이때 러시아 공사관 경비 해군은 100명이었으나 서울 주둔 일본 수비대는 1,000명이 넘었다. 그러나 일본군은 이 새로운 정치 상황에 직면하자 서울 남쪽에 있는 일본인 조계지로 이동한 분노에 찬 군중이 일본인의 목제가옥을 파괴하지 않을까 염려해 방어를 하였다.

러시아는 이때 이전 일본인의 영향력을 대신하게 되었으며 한·러 관계에 새로운 장이 열리기 시작하였다.

사실 러시아는 1884년 수교 이후, 10여 년간 대한제국에서 발생한 사건에 다소 무관심했었다. 극동에서 러시아의 주 관심은 청국과 시베리아의 경제여건을 호전시키는 것이었다.

대한제국 문제는 뒷전에 있었다. 외무성에서는 대한제국에 관심이 없다고 하였다. 때문에 공사관은 자연스럽게 대한제국의 독립을 청국과 일본에 침해당하지 않도록 순수한 조언만을 하는 것으로 국한하고 독립을 지지하였다.

고종이 러시아 공사관에 피신해 온 후 상황은 급격히 변했으며 모든 국사는 러시아 제국국기가 게양된 러시아 공사관의 보호 아래 행해지고 있었다.

고종은 심성이 선량하나 성격은 유약했다. 본인은 왕의 권위와 자유의사에 조금도 상처를 주지 않으면서 예의를 갖추고 매일 밤 늦게까지 계속된 고종과의 좌담에서 이런저런 정책에 대해 충언을 드렸다. 게다가 대한제국의 모든 대신들은 공사관 건물 안에 병풍을 쳐 임시 사무실로 사용하고 있어 본인과 협의하라는 왕명을 받으면 대신들과 단둘이서 어떤 사건이든 논의할 기회가 주어졌다.

그러나 고종의 생활은 형무소의 수인 같았다. 항상 두 개의 방에 왕세자와 각각 홀로 앉아 공사관 뜰을 무심히 바라보기도 하고 때로는 방 안에 서서 이리저리 거닐었다. 그리고 가끔 두려움에 떨며 이웃 궁궐에 계신 노대비에게 문안을 드리려고 몰래 세자와 함께 가곤 하셨다. 그리고 남은 시간은 동양의 군주처럼 방 안에 은둔하고 앉아 계셨다.

어느 경우나 본인은 자주 장문의 상소로 개혁을 즉시 이행하고 실천해야 한다는 일본인의 요구를 사전에 평가하기를 피했으며 고종이 사적으로 문의한 문제 해결에만 협력을 하는 것으로 자숙하였다.

고종이 처음 공사관으로 피신해 오셨을 때 공사관 입장은 난처했었다. 고종의 생명에 대한 염려와 또 밖에서 일본인과 한인 사이 충돌에 대한 책임은 말할 것도 없고 이전에 청국군과 일본군의 전쟁과 일본인들의 개혁 강요로 나라는 온통 무정부적인 환란에 빠진 상태였었다. 청·일전쟁 후 지방세를 서울로 납입하지 않아 국고는 텅 비어 있었다.

그 때문에 1895년 4월, 6월 일본은 300만 엔의 차관을 6년 만기로 내한세국 정부에 융자해 주었었다. 그런데 고종이 러시아 공사관으로 피신해 온 후 일본의 영향력은 몰락되고 일본 재정 관리자와 고문관은 떠나 버려 한인은 국고에 잔액이 얼마 남아 있으며 어디에 보관되어 있는지 아무도 모르고 있었다. 모든 관리들의 월급 특히 군인과 경찰관에게 제때에 지급하기 위해 탁지부의 재정 실정을 밝혀야 했었다. 그래서 본인은 고종에게 세관총무사로 근무하며 동양을 잘 알고 있는 영국인 브라운을 천거하여 그 일을 맡도록 했다. 이 임무수행에는 많은 전문지식과 인내심이 필요했다.

첫째 한문으로 작성된 탁지부의 예산 서류를 찾아내고, 둘째로 사리사욕으로 국고를 낭비한 탐관오리들의 저항을 극복해야 되었다. 결국 브라운의 활동으로 지방에서 납부한 수입을 올바르게 수령하고 장부에 기입하고 지출을 빠듯하게 메워 월급을 지불하게 되었다. 그래서 각부의 직원 명단이 작성되고 직원과 직분에 따라 통제가 이루어지기 시작했다.

그 활동이 성공한, 분명한 증거로는 지출개혁을 시행하여 1896년 말 국고는 1,660만 엔의 여유가 있어 그중에서 일본에서 빌린 300만 엔 중 100만 엔을 상환하고 다음 해 가을 100만 엔을 또 상환했다.

또 머지않아 공사관 곁에 있는 대궐로 고종이 환궁하면 이후 안전을 위해 조선군의 개편이 필요했다. 그래서 고종의 요청을 받아 총사령부 출신 교관단장을 제외하고 시베리아에 주둔하고 있는 러시아 군에서 군사교관단을 초청했다. 대궐 시위대를 처음 1차 교관단이 1개 대대 그리고 2차 교관단이 다시 1개 대대를 교육시켰으며 특히 대궐 보초임무교육에 중점을 두게 했다. 러시아 장교와 하사관들은 열심히 군사교육 임무를 수행했으며 자립적인 러시아식 군 운영체제를 각 중대에 도입시켜 급식과 재정 상태를 호전되게 했다. 때문에 다른 부대의 대한제국 군은 러시아 교관단이 관리하는 대대에 들어오려고 애를 쓰기도 했다. 대한제국 군은 대대장, 중대장 소대장 등이 수령한 부식비 등을 착복하여 한 달에 한 번 고기뼈 국물만 급식해 주었으나 동일한 수령액으로 러시아 교관단에 배속된 시위대는 매일 고깃국을 먹을 수 있게 하고도 여유가 있었다.

1897년 9월 본인이 대리 공사직을 그만두고 서울을 떠나기에 앞서 고종왕은 개인적으로 알현을 허락하고 1년이 좀 넘는 기간 동안 공사관에서 왕에게 베푼 친절과 봉사 그리고 러시아 군사교관단의 시위대 군사교육에 감사한다는 말을 했다. 그 뜻으로 고종은 1898년 3월 17일 러시아 군사교관단 철수에 즈음해 발표한 칙지에서 "러시아 군사 교관단의 열성적인 교육 덕분으로 대한제국 군이 전술을 익혀 짐은 만족스럽다. 이제 러시아 교관단은 철수했으니 짐은 장교들이 교관단에서 교육받은 군사규율을 따라 실천하기 바란다."라고 했다.

당시(아관파천 시) 본인이 고종에게 협조하여 행정구조를 개혁, 새로 신설한 기구는 다음과 같은 것이 있다.

* 의정부: 1896년 9월 12일(양력 9월 24일) 의정부를 개편했다. 신법발표, 특별조치, 국가예산 심의, 중요사건 등을 토의하는 기관이다. 의정부는 러시아 국가 회의를 예로 창설하였으나 직제는 대한제국의 구제도를 토대로 하였다.
* 행정 구역분할: 1896년 7월에는 지방행정 조직을 시행하여 현 13도와 342개의 군으로 분할하였다.
* 재판제도: 1896년 8월 일본인 지도하에 작성된 재판제노를 검토하고 1896년 3월 23일(양력 4월 1일)과 6월 5일(양력 6월 17일) 각각 처벌 규정을 법으로 시행하였다. 재판제도 도입은 1890년부터 조선 정부의 법률 고문으로 재직하고 있는 전 미국 총영사 그레이트 하우즈에게 위임하여 세심한 검토를 하였었다. 그는 또 왕후시해에 대한 조사를 하여 일본인 시해 참가를 밝혀내고 대한제국에서 일본인의 정책을 비난하였다.
* 우정국: 조선에 최초의 우정국이 설립되고 청·일전쟁으로 파

괴된 전신선을 복구하여 서울에서 북으로는 압록강, 그리고 원산과 부산 간 전신선을 연결하였다.

* 이권 허여: 철도 부설(경인선, 미국 모르스), 광산, 광업, 임업 등을 외국인에 허여했으나 그중 두 개의 이권이 러시아 회사에 돌아갔다. 서북에 석탄광 개발과 압록강 두만강 변의 벌목이권이 그것이다. 그러나 석탄광은 전혀 개발을 착수하지 못했으며 벌목이권은 근래에 와서 작업을 착수했다. 그 밖에 대한제국 정부는 일본인과 경쟁을 피하고 동해안에서 러시아 포경업을 일본이 방해하지 못하게 하고 몇 개항지에 저탄장을 소유하는 데 합의를 하였다.

* 병기창: 러시아인 렘내프를 서울 병기창 기술부장으로 초빙하였다.

* 대한제국 공사파견: 최초로 유럽에 대한제국 공사를 파견하였으며 특히 니꼴라이 2세 황제 대관식에 민영환을 사절로 파견하였다.

* 도로: 서울과 지방의 주요 도로를 확장시키고 보수하였다.

* 재정고문: 러시아 재무성 4등 관리 알렉세예프의 출장이다. 당시 모든 부처에 지출통제가 이미 실시되었으나 궁내부에만 예산액이 임의로 유용되었다. 금액의 대부분은 궁내부 관리들의 주머니에서 탕진되어 고종의 개인 금고에는 잔돈이 입금되곤 했었다. 때문에 본인이 뻬쩨르부르그에 궁내부에 입금되는 금액을 관리할 노련한 인물을 출장 보내 주도록 요청한 데 대해 고종왕은 대단히 기쁘게 생각했었다. 그 결과 알렉세예프가 임명을 받아 서울에 오게 되었으나 본인은 그때 벌써 이임하여 러시아로 귀국 중이었다. 실제 궁내부 재정고문 파견만을 요청했었으나 재무성에서는 세관 총무사까지 겸직시킬 것을 요구하여 시기적으로 무리가 있었다. 러시

아가 대한제국 문제에 관여한 것은 앞서 말한 군사교관단 파견과 재정 고문 알렉세예프 파견이었다. 그리고 본인은 다음에 공사관 직원 증원, 개항지에 부영사 파견, 군사무관 임명, 그리고 재무성 관리 빠까띨로프가 와서 서울에 러, 청은행 지점을 개설하도록 한 것 등이다.

이런 사건이 본인이 5년 반 전 서울을 떠날 무렵까지 협조한 일이라고 볼 수 있다.

대한제국영토를 청·일 양국이 서로 지배하려는 전쟁과 민 왕후 시해 이후 이제 정세는 안정되어 갔다. 고종은 더 이상 생명에 위협을 느끼지 않았으나 동양에서 궁중의 음모는 가끔 있는 일이다. 러시아 공사관에 머무는 동안 고종은 더 이상 거부하지 않고 개혁이 불가피하다는 것을 인식하게 되어 스스로 개혁을 하게 되었다. 그러나 정부기관에 만연한 권력의 남용, 족벌주의, 뇌물은 법질서를 위해 바람직하지 못해 적지 않게 항의를 받고 있었다.

본인은 서울 주재 대리 공사 직에서 물러난 후 오랫동안 서울을 떠나 있다가 1902년 가을 고종 황제 즉위 40주년 경축사절로 임명을 받고 고종 황제에게 수교하기 위해 다이아몬드로 장식한 안드레아 1급 훈장과 니콜라이 황제의 친서를 소지하고 서울에 와 보니 대한제국 정부는 물론 사회적으로도 여전히 혼란해 서글펐다. 음모, 간계, 부패, 착취 등 개혁시행 이전에 만연했던 혼란이 다시 찾아왔다. 무질서한 군인의 규율과 거리의 남루한 복장은 이전보다 두 배나 더 많았다.

서울을 떠나기 직전 1897년 10월 12일부터 고종은 황제로 칭제하기로 한다고 하여 더 좋은 시기가 올 때까지 연기하면 좋겠다는 의사를 말했었다. 최근에 고종 황제는 전보다 더 엄비처럼 미신을 신봉하고 있다. 엄비는 평민 출신으로 귀족의 지지를 받질 못하여 자기 목적을 달성하고자 무당의 굿을 빌고 있다.

유일하게 발전한 것은 우편 전신 기관으로 개항지마다 개설되었다. 1896년에 우편 수입이 6,300달러(멕시코달러)였으나 1901년에는 27,130달러로 성장했다. 전신선은 서울과 지방 각 도시와 연결되어 1899년에 50,687달러 수입에서 1902년에는 112,337달러로 증가했다.

정치적인 상황은 더욱 악화되어 있었다. 일본인들이 절대적인 영향력을 행사하고 있었으며 그들은 대한제국의 독립의 보존과 지지를 보장한다고 하면서도 파멸시키려는 기회를 엿보고 있었다. 일본인은 민 왕후 시해 후에 전술을 바꿔 전에는 그들이 물질적인 착취와 행정권 장악에 관심이 있었는데 최근에는 영향력의 복구와 확립을 위해 대한제국의 정치, 경제의 예속화와 모략을 촉진시키는 모든 수법을 동원하고 있다. 일본인의 전략은 내정이 혼란하면 점점 더 매수, 뇌물, 상호 비방이 늘어나게 되며 국민은 정부를 불신하게 되어 결국은 일본의 보호를 청하게 된다는 속셈이다. 그렇게 될 경우는 일본의 승리다. 일본은 러시아의 극단적인 항의나 전쟁 발생을 피하면서 조용히 은밀하고 세심하게 조직적으로 대한제국의 조정과 국민 자산을 잠식하는 방법을 취하고 있다. 일본의 그런 정책을 한인은 알지 못하며 러시아는 법적으로 그런 정책을 중지시킬 하등의 권한을 보유하고 있지 못하다.

대한제국에서 일본인의 중요한 영향력의 기반은 다음과 같았다.
1) 일본인 이민자: 대한제국의 개항지나 내륙에 거주하는 일본인

은 2만 명이 넘는다. 한인 5명이 일본인 1인에 의존하며 식모, 사무실 서기 잡부, 일본인에게 물건을 팔거나 납품하는 상인, 일본인 학교의 학생, 일본인 병원의 환자로 있다. 바로 이런 현상이 일본인에 이익을 줄 수 있도록 영향을 행사할 수 있게 하는 것이다.

2) 한·일 간에 활발한 무역: 대한제국은 일본의 곡창이며 일본의 상품시장이 되었다. 대한제국에서 일본으로 수출하는 상품은 동양에서는 아주 귀한 쌀, 콩 등으로 비싼 금속을 제외하고도 1897～1901년까지 연간 7,516,609달러를 수출했다. 대한제국에서 일본이 연간 무역 거래액의 72%를 차지하고 있다. 만약 우리 시대에는 장사꾼이 전사며 경제적인 침략은 전쟁보다도 확실한 실리를 취하는 것이라고 믿는다면, 일본에 견줄 수 없을 만큼 극소수의 러시아인들이 가진, 미미한 통상력과 외교력은 대한제국에서 일본과 불공정한 경쟁이라고 볼 수 있다.

본인은 이와 같은 생각 때문에 1898년 4월 13일 동경에서 러시아 공사 로젠과 일본 외상 니시가 서명한 로젠－니시협정을 뻬쩨르부르그 외무성의 자문에 반대했었다. 협정 3조에는 "대한제국에서 일본 상공업의 광범한 발전과 많은 일본인의 거주자를 감안해 러시아 정부는 대한제국과 일본의 상공업의 발전을 방해하지 않는다."라고 하였다. 이와 같은 조항은 러시아에 이롭지 못하다. 즉 1896년 민 왕후 시해 직후 대한제국에서 이룩한 러시아의 월등한 지위를 스스로 포기하여 일본인의 대한제국에서의 경제침략을 고무하는 행위를 허용하였다고 볼 수 있다.

3) 경부선 철도 부설: 경부선 철도 부설 이권은 1898년 9월 8일 일본 신디케이트에 허용되었다. 그 협정서의 중요한 조약 중 몇 가지 항목은 다음과 같다.

제3항: 대한제국 정부는 철도에 필요한 역사, 창고 등 모든 부지를 제공하며 제공받은 부지는 철도회사에 귀속된다.

제4항: 역사는 필요한 곳에 건설하며 그 앞에는 일본인 이외 타민족의 거주를 금한다.

제7항: 제공받은 부지 관리는 철도회사 규약에 의한다.

제15항: 철도회사는 외국정부나 외국인에게 주식을 양도하지 않는다.

일본은 이런 방법으로 철도가 타인에게 양도되는 것을 예방했으며 역사의 수도 제한하지 않고 제공받은 부지에서 타민족의 거주도 금하였다. 때문에 곧 부산에서 서울까지 철도를 따라 남한의 대부분이 일본인의 거류지로 화하게 될 것이다. 거류지에는 일본법을 적용해 일본경찰 헌병대, 군대가 주둔하게 될 것이다. 환언하면 철도의 첫 역사 신축과 더불어 대한제국에는 일본화의 초석을 놓게 되는 것이다.

4) 서울~부산 간 전신선: 이 전신선은 대한제국과 다른 유럽 국가들과 통신할 수 있는 유일한 전신선이다. 이전에, 1885년 청국의 자재 원조로 의주와 압록강을 넘어 만주에 전신선이 연결되어 있었으나 청·일전쟁 때 절단되고 말았다. 그 후 1896년 7월 1일 다시 복구했으나 7월 15일 청국의 의화단이 만주에 있는 전신선을 절단한 후 복구하지 못해 전보 송신은 중지되었다. 약 3개월 전에 서울 주재 청국 공사의 요청으로 의주 전신선 복구문제가 논의되고 있으나 결과 없는 회담만 하고 있는 것은 배후에 일본의 방해공작이 있어서다. 일본인은 의주 전신선이 경흥을 경유하고 두만강 넘어 블라디보스토크로 연결되면 서울 주재 외교 대표들이 자국 정부나 대한제국 정부와 쉽게 지급공보 교환을 통제할 수 없으며

또 일본 전신회사 수입이 감소되기 때문이다.

5) 서울과 개항지에 일본은행 개설: 다른 은행이 없기 때문에 일본은행이 서울과 각 개항지에 유일하게 존재하고 있으며 제물포에 단 하나 청국인과 금전거래를 위해 영국계 상하이은행 지점이 있다.

6) 일본 민간 은행 다이니찌깅꼬 은행권 유통: 1880년 초 대한제국에는 아직 화폐제도가 확립되지 못해 외국열강과 조약을 체결하면서 관세 지불을 멕시코달러나 일본엔화로 결제하기로 합의했었다. 그러나 대한제국 내에서 일본의 상공업 활동이 활발해지고 은화가 폭락하면서 멕시코달러는 엔화에 밀려나게 되었다.

1902년 민간 은행 다이니찌깅꼬는 은행권을 발행하기 시작했다. 소지자에게 대한제국 내의 어느 지점에서나 은행권 액면가를 지불해 주도록 되어 있다. 금년 초에 벌써 약 700만 원의 은행권이 발행된 것은 은행의 이익을 위해서뿐만 아니라 대한제국에서 일본화폐의 유통이 가능해졌다는 점에서 큰 의미가 있다. 경부선 철도건설에 소요되는 막대한 경비를 새 은행권으로 지출하게 만들고 또 상품이나 혹은 회사를 담보로 융자를 해 주게 된 것 등이다. 대한제국 정부는 처음에 일본은행권의 유통을 반대했으나 서울 주재 일본 공사관의 협박에 양보하고 말았다.

대한제국 정부는 일본은행의 재무사정과 밀접한 연관을 갖게 되고 은행주가의 하락은 은행권과 연동되어 대한제국 국민의 재산상의 손실을 초래할 것이다. 만약 은행이 투기로 파산이나 또는 정치적인 혼란이 오면 동양에서는 지불을 중지한다. 그때 은행권은 휴지가 되고 대한제국은 재정 파탄에 직면하게 될 것이다. 지금 대한제국의 재정은 일본에 전적으로 의존하고 있다. 경제적인 예속 후에는 정치적인 속박이 뒤따를 것이다.

7) 일본 여객선 취항: 1897～1901년 사이에 대한제국 개항지에 기항한 일본 선적은 총 86척으로 91%에 해당한다. 그 외에도 일본은 대한제국 선박을 이용하여 미개항지도 운항한다. 참고로 러시아 동청철도 소속 여객선과 범선은 1902년 대한제국 항 입항이 전 외국 선박 중에서 겨우 9%에 달했다.

대한제국에서 일본 영향력의 지지세력으로 일본에서 교육을 받고 있는 많은 한인 청년들이 있으며 서울, 부산, 원산에는 일본 조계지 보호라는 명목으로 일본군이 주둔하고 있다. 기타 학교, 병원 외에도 개항지마다 영사관과 우편 분소가 있으며 많은 직원이 사택에서 거주하고 있다. 이 모든 것은 일본인의 사업적 수완과 적극성을 입증하는 것이며 정치적인 목적을 달성하고자 물질을 아끼지 않고 있는 것이다. 일본이 대한제국을 다시 지배하게 되었으며 대한제국 정부는 일본의 요구를 거절하는 것을 불가항력으로 생각하고 있을 뿐만 아니라 서울 주재 외교 대표들이 제기하는 문제까지 일본이 간섭하도록 하고 있다. 물론 일본은 러시아의 위치를 약화시키고 활동을 마비시키려고 러시아에 무엇이든 양보하면 결과는 비참하게 될 것이며 한·일 우호관계를 해치고 더 많은 것을 요구하겠다고 위협한다. 그 확실한 증거로서 경의선 철도 부설권을 러시아인에게 줄 것을 요청한 서울 주재 러시아 공사 빠블로프의 성명에 대해 일본 공사가 1903년 2월 17일 대한제국 외부대신에게 보낸 외교 각서에 명백히 나타나 있다. 1899년 전 외부대신은 마치 대한제국 정부가 스스로 철로를 부설할 계획임을 밝히고 앞으로 철도 부설권은 더 이상 외국인에게 허가하지 않겠다는 뜻을 밝힌 것을 계기로 하야시 일본 공사는 말하기를 만약 자본이 어느 국가(러시아를 지칭)에 의해 조달된다면 그 국가는 어떤 성공도 보장받지 못 할 것이라고 했다.

이처럼 일본은 대한제국에서 침략적이며 철면피한 정책으로 자기 위치를 구축했으며 대한제국 정부는 나약하고 우유부단하여 일본과의 심각한 분쟁이 발생할 경우 러시아 측의 지원에 대해 회의심을 갖고 일본의 집요한 요구를 회피하기 위해 임시 응변적인 위험한 대응책에 의존해 왔다. 이런 식으로 대한제국은 하나를 일본에 양보하고 나면 더 큰 양보를 하는 결과를 초래하게 되었으며 일본의 요구는 대한제국의 정치는 물론 사회적으로도 파탄에 이르는 지경까지 몰아가고 있으며 동시에 점차적인 질서의 붕괴를 초래해 일본의 영향력을 강화해 오고 있다.

최근에 대한제국과 일본 간에는 몇 가지 괄목할 만한 변화가 있다. 일본은 대한제국에서의 여러 성공적인 정책에 도취되어 오만불손하여졌다. 대한제국에서 일본에 대한 양보는 무의미한 것이었으며 오랜 일본인에 대한 증오심이 다시 폭발하여 노골적으로 정부의 허약성을 비판하는 세력이 등장하였다.

한반도의 이런 상황하에서 러시아는 스스로 자문하지 않을 수 없나. 극동에서 러시아의 이해는 무엇인가? 만약 일본이 결정적으로 대한제국을 소유하면 러시아 국경은 요새화될 것이다. 러시아는 불안하고 야심적이며 사업심이 강한 일본을 이웃 국가로 맞이할 수 있겠는가? 일본은 분명히 청국의 동북해안의 상권을 장악하게 될 것이며 게다가 러시아는 이 지역에서 위치를 강화하기 위해 보다 많은 자금을 낭비하게 될 것이다. 때문에 러시아에 바람직한 대한정책은 최근 관망적인 정책에서 벗어나 대한제국이 일본의 지배하에 들지 못하도록 온갖 노력을 해야 할 것이다.

본인은 허약한 대한제국 황제나 정부를 일본의 음모에서 보호해주고 대한제국과 일본의 침략 저지가 러시아와 대한제국의 이해에 일치한다는 것을 확신시켜 러시아의 영향력을 수복해야 한다. 유감스럽게도 1898년 전 서울 주재 대리공사(쉬페이예르)가 대한제국 정부, 독립협회 그리고 일본과 자주 충돌한 경솔한 행동으로 러시아의 영향력이 상실되었다.

* 러시아는 영향력 수복의 일환으로 대한제국에서 일본군 경비병과 헌병대의 철수를 요청할 수 있을 것이다. 1896년 5월 14일 고무라 공사와 본인이 체결한 서울 메모랜덤에 대한제국에서 안정과 질서가 회복되면 일본군은 철수한다고 되어 있다. 이들은 이제 주둔해야 할 이유가 없어졌으며 대한제국은 일본군 주둔이 국민과 충돌할 구실을 주기 때문에 이들의 철수를 환영할 것이다.

* 러시아는 일본에 경의선 철도 부설권을 내주도록 허용해서는 절대로 안 된다. 경의선 부설권마저 일본이 획득하게 된다면 필요할 경우 철도를 통해 만주 국경과 블라디보스토크 국경에 군대를 진격시킬 것이다.

대한제국에서 러시아의 권위를 유지하려면 앞서 말한 여객선 운항 외에도 다음을 고려해야 한다.

* 제물포, 그리고 청국의 대련, 지부 그리고 상해를 왕래하는 여객선과 우편물을 수발한다.

* 서울과 제물포에 은행을 개설해 은행은 여객선 취항과 함께 대한제국에서 일본 상업에 대항해 청국 상인과 연합해 청국 상업 발달을 지원한다.

* 만주 쌀 수입을 베트남과 태국에서 하고 있으나 미질이 좋은 대한제국 쌀로 대체한다.

* 극동에서 러시아의 이익을 보호하고 대한제국에서 러시아를 비난하는 신문 보도를 반박하기 위해 일본에 영문판 신문을 발행한다.

* 대한제국 청년들을 러시아 육군 유년학교와 기타 교육기관에 손쉽게 입학할 수 있도록 한다.

* 서울 러시아 공사관의 비서, 통역, 의사, 견습생 사무실을 따로 갖추어야 하며 제물포에 부영사관 건물을 신축해야 한다.

제2장 주요 보고서 전문

фонд No. 150
Опись No. 493
Дело No. 183
л.л. No. 1 - 230
연도: 1881 - 1901

청국의 혼란과 의화단(義和團) 폭동 영향으로 대한제국에서
러・일 관계와 대한제국중립화 문제

★ 대한제국 중립화론에 관한 참고자료(필자 없음): 만주(滿洲)에 대한 러시아의 무력 개입이 일본으로 하여금 만주를 양보하는 대가로 대한제 국을 보상받아야 타당하다는 신념을 갖게 하였다.

일본 정부는 고종에게 신변의 보호와 군대파견을 자국에게 요청할 것을 교사(教唆)했다. 고종은 일본의 의도를 잘 알고 있었으므로 일본의 술책에 굴복하지 않았다. 또한 러시아 역시 위험한 존재라는 소문도 수긍하고 있다.

따라서 대한제국은 프랑스인 뜨레뮬레(Тремуле)의 아이디어에 따라 일본뿐만 아니라 러시아로부터도 독립을 유지해야 한다는 발상에서 중립화를 논의하게 되었다. 이에 극비리에 고종은 조병식(趙秉式)을 동경에 파견하여 일본 정부에 대한제국의 중립화 계획을 알리고 이를 열강에 조회해 줄 것을 요청하게 했다.

일본은 타 열강과의 대한제국의 분할을 바라지 않으며 그들 단독으로 아니면 최소한 러시아와 양분할 수 있다고 판단하여 조병식의 제안을 거부함으로써 조병식은 일본에서 아무런 성과도 거두지 못했다.

서울 주재 미국 공사는 워싱턴(Washington)에 제안해 볼 것을 권고하며 회담을 기피했다.

서울 주재 러시아 대리공사 빠블로프(Павлов А. И.)는 1902년 9월 25일(10월 8일) 대한제국의 중립화 안에 대한 외무성의 질의를 받고 중립화 반대 의견을 표명했다. 빠블로프는 대한제국의 중립화 또는 대한제국 행정부에 대한 러·일의 공동관할 계획은 일본과의 새로운 협정 체결을 통해 해결하는 것이 바람직하다고 보고했다.

фонд No. 150

Опись No. 493

Дело No. 216

л.л. No. 1 - 136

연도: 1894 - 1906

조선 관련 수기(개항, 영군의 거문도 점령)

주요내용

★ 서울 공사관 8등관 쉬이스끼(Шуйский)의 조선 관련 수기(날짜 없음): 조선은 개항 및 국제관계를 맺을 때까지 러시아의 적극적인 정치적 개입을 유발할 어떠한 원인도 제공하지 않고 있었다. 러시아도 이 같은 불개입 정책을 조선이 1876년 일본과 강화도조약으로 개항할 때 선택했다. 그 이유는 연해주의 경제적 실정과 조선의 산업 및 상업이 열악한 환경에 처해 있었던 것에 기인하였다고 볼 수 있다.

당시 조선의 대외무역 기록을 보면 국내생산은 보잘것없었다. 그 원인은 산업기술 수준이 낮았을 뿐만 아니라 후진적인 행정 및 사회제도와 밀접한 연관이 있었다. 국가제도의 개혁 없이 조선에서 산업의 발전은 기대할 수 없으므로 앞으로 조선은 장기간 경제적 난관을 겪게 될 것이다.

★ (날짜와 보고자 성명 없음)조선: 최근까지 조선은 아시아 대륙에서 접근하기 힘든 나라 가운데 하나였다. 수세기 동안 청국인과 일본인 이외에 조선을 방문한 자는 아무도 없었다. 때문에 조선에 대한 정확한 정보의 결핍이 부국이라는 과장된 소문을 낳게 했다. 이 소문 때문에 유럽 열강은 수차례 조선을 개방시키려고 시도했었으며 미국 또한 조선과 외교관계를 수립하려고 기회를 보고 있었다.

★ (날짜와 보고자 성명 없음)조선과 외교관계 수립에 대한 보고서: 최근 북경(北京)과 동경(東京)에서 받은 정보에 의하면, 지금까지 일본을 제외한 여타 열강과의 외교관계 수립을 거절했던 조선이 미국을 비롯하여 다른 외국과도 외교관계 수립을 서두르고 있음이 명백하다.

조선의 지리적 위치 때문에 러시아는 조선 내에서 진행되고 있는 모든 일에 무관심하게 있을 수는 없다.

фонд No. 150
Опись No. 493
Дело No. 2
л.л. No. 1 - 521
연도: 1888 - 1891

서울에서 보낸 지급공보

주요내용

★ 베베르(Вебер К. И.) 서울 주재 러시아 대리공사 겸 총영사가 외무성에 보낸 조선의 해관에 관한 자료.

① 조선해관 삼행(暫行)세무 장정(章程)
② 조선해관 잔방(棧房) 장정
③ 조선해관 잔방 조비청단

★ 1894년 8월 8일(20일)에 조·일 간에 체결한 가조약

① 조·일 잠정 합동(合同)
② 임오속약(壬午續約)

★ 1888년 8월 13일(25일) 베베르가 외상 기르스(Гирс Н. К.)에게 보낸 보고문: 조선 국경무역(豆滿江 慶興)에 관한 조약을 1888년 8월 8일

(20일) 조선 측 대표 외아문독판(外衙門督辦) 조병식(趙秉式), 고문 데니(Owen N. Denny, 德尼) 그리고 러시아 측은 베베르가 서명하여 체결하였다.

★ 1891년 9월 16일(28일) 베베르가 쉬이쉬낀(Шищкин Н. П.) 외무성 차관에게 보낸 보고문: 서울 주재 미국 공사 허드(Heard)는 조선 주재 외교단 단장으로 1850년대 대청무역에서 엄청난 재산을 모아 황태자로 호칭을 받은 사람 중의 한 사람이다. 현재는 파산당하고 늙고 병들어 있다. 그가 하는 중요한 활동은 동양에서 미국의 외교관들이 그렇듯이 조선에 있는 많은 미국의 기독교 선교사를 보호하는 일이다. 선교사(宣敎師)는 허드와 정치적 문제에도 영향력을 행사한다. 여기서 허드는 보잘것없는 미국의 통상보다는 선교사의 활동에 더욱 관심을 갖고 지원하고 있다. 또 미국인들 중에서 중요한 직위를 갖고 있는 자는 르젠드르(Charles W. LeGendre, 李仙得) 장군이다. 그는 내정문제의 고문으로 있으나 관심은 광산을 찾는 것이다.

서울에 오기 전에 일본에 약 20년간 살았던 자로서 현재 일본 공사관과 사적으로 밀접한 관계를 유지하고 있다.

베베르(Вебер К. И.)를 경축사절단장으로 결정한 것은 고종 황제에게 가장 기쁜 일이 될 것이다.

그리고 이는 대한제국 정부와의 우호증진에도 일조를 할 것이다.

(역주: 베베르(Вебер К. И.)에 대한 참고자료: 베베르는 1841년 6월 5일(17일)생이며 독일계 러시아인으로 부친은 루터란 아워 선교사였다. 뻬쩨르부르그 제국대학 동양어 학부를 졸업, 천진(天津) 영사, 일본 총영사 등을 역임하고 1885년부터 10년간 조선 주재 대리공사 겸 총영사로 재직했다. 서울에서의 재직기간 중 가장 뚜렷한 외교업적은 고종의 아관파천(俄館播遷)을 실현시킨 일과 이른바 서울 메모랜덤(베베르-고무라 협정)의 체결 등이다. 10년간 서울에 재직 후 멕시코 전권공사로 발령받았으나 1900년 개인 사정으로 사임했다.)

фонд No. 150

Опись No. 493

Дело No. 3

л.л. No. 1 - 177

연도: 1892 - 1893

서울 주재 러시아 대리공사의 보고서와 조선 정세에 관해 외무성과의
교신 및 조·청(朝·淸), 조·러(朝·露), 기타 조선과 열강관계

주요내용

★ 1892년 6월 26일(7. 8) 대리공사 직무대행 드미뜨렙스끼(Дмитрев
ский П. А.)의 보고서: 6월 11일(23) 미국 공사 허드(Heard)가 대원군
살해음모를 전해 주었다. 3일 전에 대원군 침상 밑에 화약통을 설치하였
으나 우연히 그날 밤 대원군이 서늘한 방으로 침상을 옮기라고 지시하여
화를 면했다고 했다. 그러나 70의 노쇠한 늙은이를 살해할 이유가 없으며
또 3일 전에 그런 중대한 사건에 대해 한인은 아무도 그런 말을 하지 않
았다. 6월 18일(30) 외아문독판(閔種默)을 만나 문의하였으나 그도 모르
고 있었다.

★ 1892년 7월 24일(8. 5) 드미뜨렙스끼(Дмитревский П. А.)가 외
무성에 보낸 보고서: 대원군의 살해음모 소문은 사라졌다. 소문은 허위였다.

★ 1892년 3월 11일(23) 동경 러시아 공사관 서기 쇼골로프(Щёголо
в)가 보낸 비밀 전문: 일본은 제주도(濟州道) 근해 어업권을 포기하는 대
신 평양(平壤) 개항을 바라고 있다.

★ 1892년 7월 10일(22) 드미뜨렙스끼(Дмитревский П. А.)가 외상
기르스(Гирс Н. К.)에게 보낸 보고서: 르젠드르(Charles W. Legendre,
李仙得) 고문이 일본에서 일본 정부와 제주도 문제에 합의를 보았다고
조선 정부의 승인을 전신으로 요청하였으나 고종이 재가를 거부했다. 7월
5일(17) 제물포(濟物浦)에 청국의 진(Дин) 제독이 이끄는 5척의 청국 함

대가 도착했다. 분명한 것은 청국의 항의를 고종이 거부한 것 같다. 청국은 해물건조장으로 일본에 한 섬을 내주는 것을 바라고 있지 않으나 조선은 함정이 없어 근해에서 일본의 어로작업을 감시하지 못한다.

★ 1892년 7월 24일(8. 5) 드미뜨렙스끼(Дмитревский П. А.) 보고서: 청국 함대는 고종으로부터 많은 선물을 받고 7월 11일(23) 제물포(濟物浦)를 떠났다. 청국 함대를 미행하던 일본 해군 쾌속 범선 5척도 다음 날 아침 제물포를 출항했다.

★ 1893년 5월 14일(26) 북경 주재 러시아 공사 까씨니(Кассини А. П.)가 외무성에 보낸 비밀 전문: 청국은 조선에 4,500정의 최신 소총을 판매한 것 같다. 제물포에는 청국, 일본, 미국 그리고 영국의 순양함이 정박하고 있다. 러시아의 국기도 게양하는 것이 좋을 것 같다.

★ 1893년 5월 11일(23) 까씨니의 보고서: 이홍장(李鴻章)이 러시아 영사에게 조·일관계(朝·日關係)가 위기에 처하게 되면 러시아의 간섭이 두려우나 일본은 어떤 경우에도 지원하지 않겠다고 말했다.

фонд No. 150
Опись No. 493
Дело No. 195
л.л. No. 1 - 63
연도: 1895 - 1901

대한제국의 분할안과 거제도(巨濟島)에 관한 교신(1)

주요내용

★ 1895년 3월 30일(4. 11) 내각특별회의 회의록: 청·일 간의 조약에서 조선의 독립조항은 러시아에 있어서 특별한 의미를 갖고 있다. 왜냐하

면 일본은 조선의 항구를 소유하고서 러시아에 접근하고 있어 러시아에 잠재적인 위협이 되기 때문이다. 전쟁은 지금 러시아에 위험하다. 그러므로 별 반대 없이 조선의 일부를 일본에 넘겨주는 것이다. 러시아에 가장 중요한 곳은 만주이다.

★ 1899년 3월 5일(17) 극비사항: 1898년 대한제국 북부의 산림상태를 조사하도록 파견한 탐험대의 보고에 의하면 이곳에 러시아의 영향력 유지가 필요하다고 한다. 대한제국 북부는 시간이 가면 평화적으로 러시아의 세력권 안에 있게 될 것이다. 이에 근거하여 일본은 대한제국 남부를, 러시아는 대한제국 북부를 차지하는 협정을 일본과 체결해야 한다. 경제적인 측면에서 대한제국 분할안은 바람직하다. 제3국의 개입을 허용하지 않으면서 러·일 양국이 대한제국에서 질서를 유지하게 될 것이다.

★ 1899년 3월 16일(28) 외무성에서 니꼴라이 2세에게 상주한 대한제국 분할안:

① 일본이 대한제국에서 압도적인 영향력을 행사하고 있는데 과연 대한제국 분할을 바라고 있을 것인가.
② 만약 일본이 동의한다면, 그것은 대한제국에서 러시아의 이해를 보장받는 것을 의미하는 것은 아니다.
③ 러·일 간의 대한제국 분할협정안이 다른 열강에게는 구속력이 없다.
④ 대한제국 분할협정은 러시아가 군사적인 잠재력을 보유하고 있을 때 체결이 가능하다.

따라서 대한제국 분할안은 상기에서 지적한 바와 같이 깊이 심사숙고해야 할 사안이다.

★ 1899년 9월 25일(10. 7) 띠르또프(Тыртов П. П.) 해군성 총관리관이 외상 람즈도르프(Ламздорф В. Н.)에게 보낸 서신: 만약 대한제국을 분할한다면, 러시아에게는 불이익이 초래된다. 러시아는 대한제국 남부의 거점으로 거제도(巨濟島)나 마산포(馬山浦)가 절대적으로 필요하다. 러시아는 현재와 같은 대한제국의 정세가 더 유리하다.

фонд No. 150

Опись No. 493

Дело No. 215

л.л. No. 1 - 249

연도: 1895

민 왕후 생존 소문

주요내용

★ 1895년 8월 8일(21일) 서울 주재 대리공사 베베르(Вебер К. И.)
가 외무성에 보낸 지급전문: "일본은 조선의 점령을 준비하고 있다."

★ 1895년 10월 18일(31일) 청국 지부(芝罘)에서 쩨레딘 - 싸바띤(Сер
един - Сабатин)(역주: 쩨레딘 - 싸바띤은 러시아인 건축기사로서 왕후
가 시해되던 날 밤에 궁정경비를 하면서 현장을 목격한 유일한 증인이다)
의 전문: 서울에서 10월 8일 발생한 사건으로 친일 조선군이 왕궁을 점
령하였으며 왕후는 살해된 것으로 예상된다. 친일파는 환희에 차 있으며
고종은 실제적으로 감금 상태에 있다.

★ 1895년 11월 17일(30일) 베베르 비밀 전보: 왕후는 생존해 있는 것
으로 사료되며 러시아 공사관에 왕후의 측근이 피신을 요청한다.

★ 1895년 11월 19일(12월 2일) 외상 로바노프 - 로스똡스끼(Лованов
Ростовский)가 서울 주재 대리공사 베베르에게 보낸 비밀 전문: 만일
왕후가 생존해 있다면 러시아 공사관에 피난처를 제공하라. 그러나 앞으
로 일본의 오해를 피하기 위해서 그 즉시 왕후의 피신에 관해 일본 정부
에 통고하라.

фонд No. 150

Опись No. 493

Дело No. 78

л.л. No. 1 - 35

연도: 1895 - 1896

고종(高宗)의 밀서를 휴대하고 블라디보스토크에 도착한
조선군 병참관 권동수(權東壽)

주요내용

★ 1895년 7월 8일(20일) 아무르 동부지역 총독 육군 중장 두홉스끼 (Духовский)가 하바롭스끄(Хабаровск)에서 육군상에게 보낸 전문: 연해주지사 운떼르베르게르(Унтербергер) 장군이 블라디보스토크(Влади восток)에서 다음과 같은 전문을 보냈다: 조선군 병참관이라고 자신의 신분을 밝힌 권동수(權東壽)가 고종의 밀서를 소지하고 왔다. 밀서 내용은 일본의 억압에서 벗어나 조선의 독립을 유지할 수 있도록 러시아의 지원을 호소하고 있다. 운떼르베르게르는 그에게 왜 러시아 대리공사 베베르(Вебер К. И.)에게 고종이 직접 부탁을 하지 않았는가를 묻자 그는 수차 요청하였으나 성과가 없었다고 대답했다.

★ 1895년 7월 19일(31일) 아무르 주 동부지역 총독 두홉스끼가 보낸 비밀 전문(수신자는 밝혀져 있지 않음): 고종이 친필로 조선어로 쓴(역주: 한문) 요망사항을 권동수에게 주었다.

"청·일전쟁(淸日戰爭) 이후 조선은 일본의 박해를 받고 있다. 이에 비밀리에 러시아로 가서 지원을 요청하라. 이 비밀칙서를 보이고 위임한 바를 수행하라." 그리고 다음에 고종의 서명이 있다. 서명 밑에는 다음 조항이 있다.

① 청·일전쟁 이후 조선은 일본의 박해하에 놓여 있으니 보호(역주:

후원이라고도 할 수 있음)를 요청한다.

② 일본에 예속화를 저지시켜 약소국가인 조선의 국권이 유지될 수 있게 지원을 요청한다.

③ 조선은 실제 독립된 국가이니 일본의 압박에서 벗어나 영원히 독립국가로 남아 있기를 바란다.

★ 1895년 8월 12일(24일) 베베르의 비밀 전문: 고종은 가능하면 권동수를 본국으로 보내 당국에 넘겨주기를 바란다.(역주: 권동수의 파견이 외부에 밝혀지자 고종은 그 사실을 부인했다.)

★ 광무 8년 1월 22일 고종이 러시아 황제에게 보낸 명헌태후(明憲太后)의 운명에 관련된 친서.(역주: 불어번역본 첨부)

фонд No. 568

Опись No. 1

Дело No. 145

л.л. No. 1 – 51

연도: 1895 – 1898

민왕후시해사건(明成皇后殺害事件)에 관한 전문
쉬뻬이예르(Шпейер)의 전문

주요내용

★ 1895년 9월 26일(10. 8) 베베르(Вебер)가 외상에게 보낸 보고서: 9월 16일(역주: 26일의 착오: 양력 10월 8일) 새벽 일본인 교관에 의해 교육받은 조선군 훈련대를 비롯하여 50여 명의 일본인 괴한과 일본군이 궁

궐에 난입하여 왕후를 살해했다.

★ 1895년 10월 1일(10. 13) 동경 주재 공사 히뜨로보(Хитрово)가 외무성에 보낸 보고서: 일본인은 왕후살해에 가담한 것이 아니라 직접 살해했을 가능성이 있다. 미우라(三浦梧樓)의 역할도 의심스럽다.

★ 1898년 2월 19일 외상이 쉬뻬이예르에게 보낸 전문: 대한제국은 러시아에 적대적인 관리와 당파가 분명히 있다. 그 때문에 적극적인 개입을 삼가고 있다.

★ 1898년 2월 21일 쉬뻬이예르 서울 주재 대리공사가 외무성에 보낸 전문: 대한제국 황제에게 러시아 공사관으로 피신을 권했다.

★ 외상이 쉬뻬이예르에게 보낸 전문: 니꼴라이 II세 황제는 고종 황제 개인이나 정부가 앞으로 러시아의 지지가 불가피하다는 것을 인정하고 있는가를 문의하라는 칙령이 내렸다.

★ 1898년 2월 27일 외상이 쉬뻬이예르에게 보낸 전문: 러시아 교관단에 의해 훈련받은 시위대는 믿을 만한가?

★ 1898년 3월 1일 쉬뻬이예르가 외상에게 보낸 전문: 러시아 교관이 없는 시위대를 믿을 수 없다.

★ 참고: 혁명전후 외교문서는 문건이 주로 외무성 문서국(АВПРИ)에 있으나, 때로는 문건이 분산되어 있어 역사문서보관소(РГИА), 연방문서보관소(ГАРФ), 군사문서보관소(РГВИА)의 문서를 종합해 보아야 한다.

фонд No. 150

Опись No. 493

Дело No. 84

л.л. No. 1 - 9

연도: 1895

의화군(義和君 : 李堈)의 유럽파견 공사 임명

주요내용

★ 1895년 10월 13일(25) 베베르(Вебер К. И.) 대리공사가 외상 로바노프 - 로스똡스끼(Лобанов - Ростовский А. Б.) 공에게 보낸 보고서: 조선의 외부대신(金允植)이 외교 각서를 통해 고종의 둘째 왕자 이강(李堈: 義和君)을 유럽파견 공사로 임명했다고 통고해 왔다. 이전에 고종은 베베르에게 이강 왕자를 유럽 공사로 임명한다고 언급한 적이 없다.

이강 왕자는 베베르에게 정부에서 자신을 유럽 공사로 내정했다고 말했다. 아무튼 고종이 이전에 이강을 유럽 공사로 보낼 생각을 하지 않았다 하더라도 이제 반대는 하지 않을 것이다. 왜냐하면 첫째, 그가 유럽에 체재하는 것이 일본인의 위협으로부터 신변을 보호할 수 있는 방법이며, 둘째, 일본인이 자행하고 있는 부당한 행위를 유럽에서 명백히 밝힐 수 있는 기회를 가질 수 있기 때문이다.

현재 일본은 조선에서 전권을 행사하는 데 아무런 방해도 받지 않고 있으며 아무 때나 고종과 대원군파에게 압력을 가할 수 있는 입장이다.

이강 왕자에 관한 참고 자료

이강은 왕비가 낳은 아들이 아니다. 고종이 궁인에게서 낳은 사생아로 젊고(역주: 나이 20세) 유능하며 쾌활한 성격이다. 그는 자주 이곳의 외국인 모임에도 참석한다. 일부 사람은 이강이 앞으로 세자로 책봉될 것이며, 좀 우둔한 현 세자보다는 덕망이 있을 것이라고 한다.

그러나 고종은 이강보다는 세자를 더욱 사랑한다.

★ 1895년 10월 7일(19) 외부대신 김윤식(金允植)이 러시아 공사관에

보낸 외교 각서: <u>1895년 10월 1일(13)</u> 이강 왕자는 특명전권공사로 임명을 받고(역주: 1895년 10월 13일) 영국, 독일, 러시아, 이태리, 프랑스, 오스트리아를 순방한다. 근일 중에 출발 일정이 확정된다.

★ 1895년 10월 15일(27) 베베르가 외상 로바노프 - 로스톱스끼에게 보낸 보고서: 이강 왕자는 왕비의 운명에 대해 사적으로 전하기를 왕비는 생

фонд No. 150
Опись No. 493
Дело No. 79
л.л. No. 1 - 108
연도: 1896 - 1897

고종 황제가 러시아 황제 니꼴라이 Ⅱ세에게 보낸 친서
(민영환 전권공사, 대관식 축하사절 신임장)

주요내용

★ 1905년 8월 22일 러시아 황제 니꼴라이 Ⅱ세에게 보낸 고종 황제의 러시아문 친서(요약): 짐의 나라는 4,000년의 유구한 역사가 있으며 백성은 2,000만 명이다. 관습은 물론 언어와 문자도 고유해 외국과는 판이하게 다르다.

이전에 외국인들은 친선차 짐의 나라를 예방하고 후진국이라고 불렀다. 이후 짐의 국가가 독립국가라는 것을 알게 된 유럽열강과 미국이 우호통상조약을 체결하였으며, 폐하의 국가와는 달리 달력으로 1884년에 조약을 체결하고 상호 공사를 파견하였다. 그때부터 양국은 긴밀한 우호관계를 지속하고 통상은 증대되어 갔다.

그러나 불행하게도 짐의 동쪽의 이웃나라가 일본이다. 일본은 섬나라이

며 관습은 짐의 나라에서 유래되었고, 문자와 제도도 짐의 나라에서 가르쳐주었다. 일본의 건국역사는 겨우 1,200~1,300년 전이다. 그 때문에 일본은 짐의 나라를 마치 자기 조상과 주인의 나라로서 섬겼으며 감히 짐의 나라와 반목은 생각도 못 했었다. 그런데 300년 전 일본은 명(明)과 투쟁을 결심하고 짐의 영토에서 전쟁을 시작하여 8년간 싸운 후 지쳐 양 적군은 평화조약을 맺고 전처럼 우호관계를 유지하여 왔었다. 최근에는 일본이 서양의 제도를 흉내 내고 배워 동양의 맹주가 되려는 의도로 육군과 해군을 창설하였다. (중략)

짐은 폐하가 짐의 나라 실정을 동정하고 양국이 전에 체결한 조약으로 유지했던 관계를 유념하여 정의를 토대로 세계 열강 제국이 짐의 나라에 대한 일본의 불법적인 행위를 꾸짖고 짐의 나라의 독립을 침해하지 못하게 모든 조약규정 위반을 즉시 중지하도록 권고하여 주시고 또 곧 폐하의 사신 파견을 바라고 바란다.

끝으로 <u>짐은 눈물로 폐하께 호소하며 만수무강을 기원한다.</u>

★ 니꼴라이 II세 대관식 사절 민영환(閔泳煥) 신임장
★ 민영환 특명전권공사(特命全權公使) 신임장
★ 기타 니꼴라이 II세에게 보낸 친서

фонд No. 150

Опись No. 493

Дело No. 79

л.л. No. 1 - 198

연도: 1896 - 1907

고종과 니꼴라이 Ⅱ세(Николай Ⅱ) 황제의 교신

주요내용

★ 1896년 5월 23일(6월 5일) 민영환 특사 로바노프 - 로스똡스끼(Лобан ов - Ростовский А. Б.) 외상과 회담: 민영환은 고종의 칙사로서 니꼴라이 황제 대관식 축하사절 겸 조·러 회담전권 공사자격으로 외상에게 모스 크바 도착 인사를 하고 니꼴라이에게 신임장 제정을 신청했다.

★ 베베르(Вебер К. И.) 대리공사 전문: 베베르는 전문에서 고종이 니꼴라이 Ⅱ세의 대관식을 경축한다고 전했다.

★ 조선왕조 창건 505년 음력 월 1일. 고종은 찬서에서 니꼴라이 대관 식을 축하하고 민영환을 특명 전권 공사로 임명하여 제정 러시아 정부와 회담 및 조약 체결권을 부여했다고 통지하였다.

★ 1903년 12월 23일(1904년 1월 5일) 이범진(李範晉) 공사가 람즈도 르프 외상에게 명헌태후가 1903년 12월 20일(1904년 1월 2일) 상고 당했 음을 전했다.

★ 니꼴라이 황제가 고종에게 보낸 조문 전보 초안: 태후의 서거 에 애통함을 함께한다.

★ 1904년 9월 10일(23일) 대한제국(大韓帝國) 주재 공사 빠블로프(П авлов) 상해에서 외무성으로 비밀 전문.(역주: 빠블로프는 1902년 2월부 터 최초로 서울 주재 러시아 정식 공사로 임명을 받았으나 러·일전쟁으 로 서울에서 철수, 한때 상해에 있었다.)

고종은 니꼴라이 Ⅱ세의 황태자 탄신에 축하를 전했다. 이 전보 상단 에 니꼴라이는 친필로 9월 12일(25일) "감사함을 전하라."고 썼다.

★ 1904년 9월 6일(19일) 플란손(Плансон)(역주: 극동 총독 외교 담당관)이 외무성으로 보낸 비밀 전문: 일본군은 이범진(李範晉) 공사가 뻬쩨르부르그에서 고종에게 보낸 전보를 중도에서 압수하고 고종 황제의 친러감정이 두려워 대궐에 보초를 세우고 대한제국 군 해산을 요구하고 있다.

★ 1904년 12월 9일(22일) 빠블로프가 외상 람즈도르프에게 보낸 전문: 대한제국 황태자비(고종 황제의 며느리)의 서거를 전했다.

★ 1904년 12월 28일(양력) 경운궁(慶運宮)에서 고종이 니꼴라이 Ⅱ세에게 보낸 친서: 러·일전쟁에서 러시아의 승리를 확신하며 대한제국의 독립을 수호해 주기를 바란다.

★ 이 이외에도 고종 황제가 1907년 헤이그밀사 파견에 즈음하여 니꼴라이 Ⅱ세에게 협조를 간청한 친서 등 5통의 친서가 있다.

фонд No. 150

Опись No. 493

Дело No. 58

л.л. No. 1 - 126

연도: 1896 - 1902

대한제국의 재정상태 파악을 위한 상무관 알렉세예프(Алексеев К. А., 5등관)의 파견건(재정고문계약서)

주요내용

★ 1897년 5월 31일(6. 12) 외상 무라비요프(Муравьёв М. Н.)가 서울 공사관에 보낸 전문: 재상 뷔떼는 알렉세예프를 서울 주재 상무관으로

임명하고 고종의 은총을 바라고 있다. 그를 조선 탁지부(度支部)와는 문서상으로 그리고 공사관과 합의하에 고종과도 직접 연관을 갖는 권리를 보유한 재정고문이 되기를 바란다.

★ 1897년 9월 25일(10. 7) 쉬뻬이예르(Шпейер А. Н., 5등관) 대리공사가 외무성에 보낸 비밀 전문: 서울 주재 영국 외교대표는 고종이 재정형편을 안정시키려고 러시아에 요청해 알렉세예프가 왔다는 것을 알고 심히 긴장하고 있으며 영국인 재정고문 브라운(J. McLeavy Brown, 柏卓安)을 교체할 경우 영국인의 분노를 사게 될 것이라고 협박하고 있다.

★ 1897년 10월 15일(27) 쉬뻬이예르가 동경의 러시아 공사관에 보낸 비밀 전문: 오늘부터 브라운이 탁지부 재정고문직과 세관총무사직에서 면직되었다. 알렉세예프의 임명은 영국 측의 저항과 일본의 협조를 받는 방해가 있을 것으로 예상된다.

★ 1897년 11월 4일(16) 쉬뻬이예르가 외무성에 보낸 비밀 전문: 고종황제의 칙령으로 오늘 실제적으로 알렉세예프는 탁지부고문직에 취임했다.

★ 1897년 10월 24일(11. 5) 외부대신 조병식과 러시아 대리공사 쉬뻬이예르가 체결한 알렉세예프 고문초빙에 대한 협정문:

① 알렉세예프를 탁지부 및 세관 관리책임자로 임명한다.
② 알렉세예프는 연봉으로 3,000달러를 받는다. 등 총 8항

★ 1897년 12월 15일(27) 북경에서 빠블로프(Павлов А. И.)(역주: 서울 주재 대리공사로 오기 전에 북경공사 대리 역임)가 외무성에 보낸 비밀 전문: 청국의 대신들은 조중신조약에서 명시한 청국세관에서 조선세관을 독립시킨 것을 긍정적으로 이해하고 있다.

★ 1897년 12월 6일(18) 알렉세예프가 브라운과 만난 후 브라운은 알렉세예프에게 복종을 서면으로 동의하고 조선세관을 청국세관 영국인 하트(Robert Hart, 赫德)의 예속에서 독립시키기로 했다.

★ 1897년 12월 6일(18) 해군소장 두바쏘프(Дубасов) 제독이 일본 나가사키(長崎)에서 외무성에 보낸 지급 전문: 서울 주재 공사 쉬뻬이예르는 영국함대가 대한제국에 출동하여 러시아에 반대시위를 하려고 한다는 홍콩 주재 프랑스 영사의 정보를 타전해 왔다. 러시아도 아조프(Азов)호와 류릭크(Рюрик)호를 제물포(濟物浦)에 파견하고 300명의 상륙부

대를 서울에 보내 고종 황제를 보호해야 하며 러시아는 당연히 로바노프
-야마가타의정서에 의해 블라디보스토크에서 한국에 대대규모의 병력을
파견해야 한다.

фонд No. 191

Опись No. 768

Дело No. 365

л.л. No. 1 - 86

연도: 1896 - 1897

고종(高宗)의 러시아 공사관 체류 사건

주요내용

★ 1896년 1월 10일(22) 쉬뻬이예르(Шпейер А. Н.) 대리공사가 로
바노프-로스똡스끼(Лобанов-Ростовский А. Б.) 공에게 보낸 보고
서: 고종이 궁정 예방을 위해 1월 8일(20) 알현했다. 궁정을 나올 때 고
종은 내 손을 잡고 아무도 모르게 쪽지를 손에 쥐어 주었다. 이 메모에는
일본인이 태자를 왕과 떼어놓으려 하니 막아줄 것을 호소하고, 베베르(Ве
бер К. И.)와 나에게 염려해 주어 감사하며 왕비를 계속 찾고 있으나
왕비는 현 정부가 타도될 때까지는 위험이 많아 소식을 전하지 않고 있
는 것 같다고 기록되어 있었다.

★ 1896년 1월 16일(28) 쉬뻬이예르가 외무성에 보낸 보고서: 강제적
으로 시행한 단발령(斷髮令)은 예상했던 대로 전국적으로 심한 반발을
일으켰다. 그러나 이 폭동은 백성이 대항할 무기가 없기 때문에 위험한
무질서 상태로 몰고 가지는 않을 것으로 예상되며 큰 의의는 갖지 못할
것이다.

★ 1896년 1월 20일(2. 1) 쉬뻬이예르가 외무성에 보낸 보고서: 예상했던 것과는 달리 폭동이 심각하다. 강원도에서 이소응(李昭應)이라는 자가 선동하고 있다. 무기고를 약탈하고 관찰사를 몰아냈으며, 신임 관찰사 조인승(曺寅承)을 살해했다. 대중의 지지를 받아 무기고를 약탈한 이소응 부대는 서울에서 파견한 관군(官軍)을 물리쳤다.

★ 1896년 1월 25일(2. 6) 쉬뻬이예르가 순양함 '아드미랄 까르닐로프(Адмирал Корнилов)' 함장에게 보낸 전문: 고종의 안전을 위협하는 심각한 정치적인 상황이 전개되어 고종은 러시아제국 공사관에 피신을 하려고 한다. 속히 가능하면 1~2문의 대포를 대동시킨 많은 인원의 상륙부대를 공사관 경비병으로 서울에 파견해 주기 바란다.

★ 1896년 1월 26일(2. 7) 순양함 '아드미랄 까르닐로프' 함장이 쉬뻬이예르에게 보낸 전문: 2문의 대포를 대동시켜 100명의 상륙병을 보내려고 한다.

★ 1896년 2월 14일(26) 쉬뻬이예르가 외상(外相)에게 보낸 전문: 고종은

фонд No. 150

Опись No. 493

Дело No. 7

л.л. No. 1 - 217

연도: 1897

서울 주재 대리공사의 지급공보

주요내용

★ 1897년 1월 28일(2월 9일) 서울에서 대리공사 베베르(Вебер К.

И.)가 외무성에 보낸 비밀 전문: 수구적인 대원군파와 친일세력들은 고종의 환궁을 서두르고 있다. 이들은 고종이 공사관을 빠져나올 경우 그들보다 용이하게 조종할 수 있으리라 기대하고 있다.

★ 1897년 2월 7일(19일) 베베르(Вебер К. И.)가 외무성에 보낸 비밀 전문: 고종은 여러 대신의 환궁 건의 의견을 수렴하여 베베르와 협의한 후 환궁을 결정했다.

★ 1897년 2월 8일(20일) 베베르(Вебер К. И.)가 외무성에 보낸 비밀 전문: 고종은 환궁하고 러시아 공사관의 협력에 감사를 전했다.

★ 1897년 2월 10일(22일) 고종이 환궁한 후 여러 외교 대표들을 맞이한 알현 석상에서 1년 이상 러시아 공사관의 우호적 협력에 대해 감사의 말을 하고 밤에는 왕과 왕세자가 사적으로 베베르를 예방하고 감사를 표했다.

★ 1897년 2월 20일(3월 4일) 서울 공사관 쉬페인(Штейн Е. Ф.)의 보고서 요약: 고종은 2월 8일(20일) 러시아 공사관에서 왕세자를 데리고 환궁했다.

동양의 군주로서 고종의 러시아 공사관 생활은 마치 갇혀 있는 죄인이나 다름이 없었으며 이 기간에 평판이 좋지 못했던 민씨 일가들이 다시 활동하기 시작하였다.

★ 1896년 12월 31일(1월 12일) 태평양 함대 사령관의 보고서 요약: 조선에서 일본의 영향력이 감소됨으로써 다양한 분야의 발전이 이루어졌다. 제물포(濟物浦), 부산(釜山)과 원산(元山)은 현저하게 상업이 활기를 띠고 상회(商會)도 확장되었다. 그러나 아직도 일본이 장악하고 있는 분야가 많이 있다. 조선의 국내 실정은 점점 안정되어 가고 있다. 향후 조선의 국내 사정도 상당부분 러시아의 정치적 영향력과 관련이 있을 것이다.

фонд No. 150

Опись No. 493

Дело No. 5

л.л. No. 1 - 226

연도: 1896

아관파천(俄館播遷)에 대한 쉬뻬이예르(Шпейер) 대리공사의 보고문

주요내용

★ 1896년 1월 2일(14일) 쉬뻬이예르(Шпейер А. Н.)가 외상 로바노프 - 로스똡스끼(Лобанов - Ростовский А. Б.)에게 보낸 보고서: 고종에게 신임장을 제정한 이후 전임자 베베르(Вебер К. И.)로부터 공사관의 모든 업무를 인계받았다.

★ 1896년 1월 30일(2월 11일) 쉬뻬이예르가 외상에게 보낸 보고문: 지난 21일(2월 2일)자 전문으로 보고한 바와 같이 신변의 위협을 느낀 고종은 이날 밀지를 공사관에 보내어 수일 내에 왕세자와 함께 공사관에 피신하겠다는 희망을 밝혀왔다.

전임 대리공사 베베르와 함께 고종의 요청을 거부하지 않고 보호하기로 할 수밖에 없었다. 다만 사전에 궁중을 떠나는 날짜와 시간을 통보해 줄 것을 부탁하고, 고종의 밀지를 전해 온 이범진에게 궁중에서 러시아 공사관까지 오는 도중 예상되는 위험성을 지적해 주었다. 이범진은 고종이 궁중에서 더 많은 위험을 도사리고 있다고 믿고 있기 때문에 이미 모험을 무릅쓰기로 결심하였다고 했다.

다음날 고종은 고맙다는 말을 전해오고 1월 28일(2월 9일) 저녁 공사관에 도착할 예정이라고 했으나 결행하지 않고 경비병 증원을 요청해 왔다. 공사관은 결국 알렉세예프(Алексеев К. А.) 제독에게 요청, 1월 29일(2월 10일) 해군 대령 몰라스(Молас)가 100명의 수병을 인솔하고 저녁에 서울에 도착했다.

고종은 1월 30일(2월 11일) 새벽 7시 20분 여인 복장으로 변장하고 왕세자와 함께 두 대의 여자용 가마를 타고 왔다. 즉시 고종과 왕세자를 각각 다른 방에 모신 후 서울에 주재하는 외국 사신에게 고종의 러시아 공사관 피신을 알렸다.(역주: 아관파천(俄館播遷) 당시 베베르와 쉬뻬이예르가 함께 있었던 것은 베베르는 멕시코 공사로 발령을 받아 쉬뻬이예르가 신임공사대리로 왔기 때문이다. 그러나 일본 주재 러시아 공사 히뜨로보(Хитрово)가 갑자기 사망하자 쉬뻬이예르는 그 후임으로 동경으로 다시 가고, 고종과 베베르의 친분을 고려, 베베르를 다시 유임시킨 것이다.)

러시아의 보호와 지원요청에 대한 회답을 기다리면서 초조해하고 있다. 고종은 조선의 부흥은 러시아 제국의 협조가 좌우하게 된다고 믿고 있다.

★ 1896년 3월 8일(20) 베베르 대리 공사가 외상(外相)에게 보낸 전문: 왕비 시해와 난동에 대원군(大院君)이 관여한 사실이 이곳 유럽인 고문의 지휘하에 실시된 조사에서 밝혀졌다. 대원군은 일본인에 대한 백성들의 증오심을 이용, 새로 구성된 정부에 폭동을 선동하였다. 고종은 부친 대원군을 숙청할 생각은 하고 있으나 결단을 못 하고 있는 것 같다. 대원군을 아무르주 혹은 사할린으로 러시아가 이주시켜 주기를 바라는 고종의 소망을 실현시키는 것이 극히 바람직스러운 일이다.

★ 1896년 5월 28일(6. 9) 베베르가 외상(外相)에게 보낸 전문: 공사관에 있는 고종은 조선군이 개편될 때까지 공사관에 거처할 것인지 아직 결정을 하지 못하고 있다. 국내 정세는 안정되고 개혁은 점진적으로 시행되고 있으나, 일본은 재정 및 세관 업무를 장악하려고 노력하고 있다.

★ 1896년 6월 29일(7. 11) 로바노프-로스똡스끼 외상(外相)이 서울 대리공사에게 보낸 비밀 전문: 조선에서 온 사절에게 다음과 같은 언약을 했다. 고종이 원하면 공사관에 계속 거주할 수 있다. 고종이 환궁할 경우 타 열강이 러시아에 반감을 살 수도 있음으로 러시아군은 궁정경비를 하지 않는다. 다만 고종의 안전에 도덕적인 보증을 할 것이다. 상륙부대는 공사관의 지휘하에 있게 하고 더 증가시킬 수도 있다. 서울에 군사 및 재정 문제를 협의하기 위해 유능한 인사를 출장 보낸다 등이다.

★ 1896년 7월 2일(14) 외상(外相)이 베베르에게 보낸 비밀 전문: 고종의 환궁을 위해 조선사절(역주: 민영환)은 공사관 옆에 있는 궁정을 제안하고 러시아군이 경비를 해줄 것을 다시 요청하였다.

★ 1896년 7월 1일(13) 베베르가 외상(外相)에게 보낸 비밀 전문: 러시아 군사고문단 도착이 늦어져 고종이 공사관에 있는 것을 반대하여 온

갖 방법으로 백성을 선동하던 대원군파가 소란을 일으키고 있다. 대원군의 부인이며 고종의 친모가 비밀히 본 대리공사에게 고종을 공사관에서 떠나지 못하게 만류해 달라고 간청하며 대원군이 매수한 자객(刺客)이 고종의 생명을 노리고 있다고 한다. 러시아 공사관 밖에서 고종의 안전에 대한 도덕적 보증은 러시아군이 경비를 하지 않고는 불가능하다. 다만 대원군을 추방하고 군사 교관단이 도착하면 안정될 것이다.

★ 1896년 8월 16일(28) 베베르가 외상(外相)에게 보낸 전문: 공사관 옆에 있는 서궁(西宮: 慶運宮)을 왕비 유해 안치와 고종과 세자의 환궁을 위해 수리를 하고 있다. 왕비 장례식은 군사고문단의 도착 이전에 겨우 하게 될 것이다.

★ 1897년 1월 28일(2. 9) 베베르가 외상에게 보낸 보고서: 보수 대원군파와 친일파는 고종의 환궁을 이용하려고 준비하고 있다. 환궁하면 더 많은 기회가 그들 수중에 있을 것으로 기대하고 있다.

фонд No. 150

Опись No. 493

Дело No. 81

л.л. No. 1 - 29

연도: 1897 - 1902

고종의 칭제건원(稱帝建元) 문제

주요내용

★ 1897년 10월 16일(28) 서울에서 쉬뻬이예르(Шпейер А. Н.)가 외무성에 보낸 비밀 전문: 고종은 황제의 존호(尊號)를 쓰기로 단호한 결심을 하였다. 아마 곧 이에 대한 발표가 있을 것이다.

쉬뻬이예르는 어느 나라도 고종을 황제로 승인하지 않을 것이라고 확신하고 고종에게 칭제건원(稱帝建元)을 하지 않도록 백방으로 권고하였다.

그러나 고종은 어제 쉬뻬이예르에게 밝히기를 열강의 황제존호 승인을 고종 자신도 크게 기대하고 있지 않으나 친부(親父)인 대원군과 대비(大妃)의 음모 때문에 황제즉위식을 갖는 것이 부득이하며 영국에 체류하고 있는 대원군의 손자(역주: 李埈鎔)를 왕으로 옹립시켜 고종을 퇴위시키려는 가능성을 차단하고 황제 즉위로 백성의 눈에 대원군이나 대비보다 고종이 상좌에 있다는 생각을 갖게 하려는 것이라고 했다.

고종은 니꼴라이 Ⅱ세(Николай Ⅱ) 황제가 고종을 황제로 승인하지 않는다 하더라도 곧바로 거부를 하지 말고 현재의 호칭(역주: 당시는 大君主陛下)으로 대해 주기를 바란다고 했다.

고종은 특히 러시아가 고종의 황제 존호를 거부하지 않을까 걱정하고 있다.

★ 1897년 10월 1일(13) 쉬뻬이예르의 비밀 전문: 오늘 성대한 알현식에서 고종은 서울 주재 각국 외교단에게 황제즉위식에 대한 언급을 하고 이에 관해 본국 정부에 통고해 달라고 요청했다.

★ 1897년 10월 8일(20) 쉬뻬이예르가 외상 무라비요프(Муравьёв М. Н.) 백작에게 보낸 비밀 전문: 고종 황제의 황제즉위식이 있은 다음 날 정부에서는 앞으로 국호가 한국어로는 조선이 아니고 대한(大韓) 즉 고대 조선왕조 역사의 중심적 건국 왕조였던 3국 왕조(마한, 진한, 변한)를 상기하는 대한(큰 왕국)임을 밝혔다. 국호의 변경 목적은 전혀 이해할 수 없으며 정부대신도 만족한 설명을 하지 못하고 있다.

★ 1897년 12월 11일(23) 쉬뻬이예르가 외무성에 보낸 비밀 전문: 고종 황제는 니꼴라이 Ⅱ세 황제에게 뜻하지 않은 고종 황제의 호칭승인과 즉위 축하전문에 감격해 깊이 감사하고 있다고 니꼴라이 Ⅱ세에게 전해 달라고 요청했다.

★ 1898년 3월 1일(13) 쉬뻬이예르가 외무성에 보낸 비밀 전문: 러시아 외에도 일본, 미국, 프랑스 그리고 영국이 고종 황제의 황제 즉위를 승인하였다. 서울 주재 영국 총영사관은 공사관으로 승격시키고 총영사를 대리공사 직제로 개편하였다.

★ 1902년 7월 31일(8. 13) 쉬떼인(Штейн Е. Ф.)이 외무성에 보낸 보고서: 대한제국 정부에서 출판한 국가 2부를 동봉한다. 한민족의 멜로디로서 궁정소속 독일인 군악대장인 에케르트(Franz Eckert)가 작곡하였다.

фонд No. 150

Опись No. 493

Дело No. 150

л.л. No. 1 - 91

연도: 1898

러시아 군사 교관단과 재정고문 소환 및 공사관 통역관 살해 미수사건

주요내용

★ 1898년 2월 11일(23일) 쉬뻬이예르(Шпейер А. Н.) 서울 주재 러시아 대리공사가 외무성에 보낸 비밀 전문: 러시아에 적대적인 대한제국의 당파가 황제에게 보낸 상소문에서 앞으로 러시아에 협력을 구할 경우 불행한 일이 닥치게 될 것이라고 말했다. 어제 공사관 통역관이 거리에서 피습된 사건과 상소문을 올린 당파와 무관하지 않다. 현재 조사가 진행 중이다.

★ 1898년 2월 14일(26일) 쉬뻬이예르의 지급 전문: 독립협회(獨立協會)의 활동은 배후에서 일본과 미국이 교사하고 있으며 반러적인 성향을 띠고 있다. 서울 주재 독일과 영국의 영사가 러시아에 비우호적 태도를 취한다. 공사관 통역관 김홍륙을 살해하려 한 이유는 러시아에 충성을 했기 때문이다.

★ 1898년 2월 18일(3월 2일) 태평양 함대 사령관 두바쏘프(Дубасов В. Ф.)가 여순항에서 해군성 관리관 띠르또프(Тыртов П. П.)(역주: 당시 해군성은 관리관이 해군상 직무대리 역할을 수행했다. 해군상은 알렉세이 알렉산드로뷔치(Алексей Александрович Романов: 1850 - 1908)가 황실출신의 해군대장이었기 때문에 공석으로 두었다.]에게 보낸 통신문: 러시아 공사가 이곳에 보낸 전문에는 서울의 분위기가 악화되어 반러시아 감정이 휩쓸고 있다고 한다. 공사관에는 반러시아파의 희생자가 은신해 있다. 고종 황제의 러시아 공사관 피신도 기대할 수 있다.

★ 1892년 2월 24일(3월 8일) 쉬뻬이예르가 외무성에 보낸 비밀 전문:

만약 고종 황제가 신변에 위협을 느낄 경우 러시아 공사관으로 피신할 것이 예상된다.

★ 1898년 2월 28일(3월 12일) 쉬뻬이예르의 비밀 전문: 대한제국 정부는 더 이상 러시아 군사교관단과 재정고문이 필요 없다고 발표했다. 러시아는 모든 외국고문의 파면을 요청하고 최근 통역관 살해 음모자를 처벌할 것을 요구해야 한다. 대한제국 정부가 거부하면 공사관 기를 내리고 원산(元山)을 점령해야 한다.

★ 1898년 4월 22일(5월 4일) 육군상 꾸로빠뜨낀(Куропаткин А. Н.)이 외상(外相) 무라비요프(Муравьёв М. Н.)에게 보낸 통신문: 니꼴라이 Ⅱ세는 대한제국에서 군사교관단과 재정고문의 철수를 윤허했다.

★ 1898년 2월 16일(28일) 쉬뻬이예르(Шпейер А. Н.)가 태평양 함대 사령관에게 보낸 비밀 전문: 정세가 악화되었다. 반러시아 분위기가 기승을 부리고 있다. 벌써 공사관에는 '독립협회' 활동 때문에 피신해 온 자가 있으며 고종 황제도 피신해 올 것으로 예상된다.

★ 1898년 2월 18일(3월 2일) 외무성 관리관 람즈도르프(Ламздорф В. Н.) 백작(역주: 람즈도르프는 외무부상에서 관리관(외상대리)을 거쳐 외상이 된다.)이 서울 러시아 공사관에 보낸 비밀 전문: 황제 니꼴라이 Ⅱ세는 대한제국 북부를 무력으로 점령할 의도가 없다. 이는 러시아가 선언한 대한제국의 독립 원칙을 스스로 위반하기 때문이다.

★ 1898년 2월 19일(3월 3일) 쉬뻬이예르가 외상에게 보낸 비밀 전문: 믿을 만한 영국 측 소식통에 따르면, 일본은 고종 황제를 자국 공사관에 은신시키려 최선을 다하고 있다고 한다. 그리고 고종 황제를 퇴위시키고 고종 황제의 조카이며 대원군의 손자를 권좌에 앉히고자 한다. 이를 고종에게 사전 통고해 주었다.

★ 1898년 2월 19일(3월 3일) 외상이 서울 쉬뻬이예로에게 보낸 비닐 전문: 최근 여러 보고서로 보아 대한제국의 정세가 매우 불안하다는 결론을 내릴 수 있다. 나라의 관직에 있는 사람이나 모든 당파는 러시아에 적대적이며 친러적인 성향을 갖고 있는 고종 황제 역시, 요즘 확인된 것처럼, 매우 의심스럽게 되었다. 이러한 상황 때문에 대한제국 국내문제에 러시아가 적극적으로 개입을 할 수 없는 것이다.

니꼴라이 Ⅱ세는 고종 황제 자신과 대한제국 정부가 향후 러시아의 지원을 더 이상 필요로 하지 않는다고 인정하고 있는지 문의하라고 하셨다.

대한제국의 요청으로 파견된 군사교관단과 재정고문이 필요치 않다면 러시아는 마땅히 소환하겠다.

★ 1898년 2월 22일(3월 6일) 외상이 쉬뻬이예르(Шпейер А. Н.)에게 보낸 전문: 귀관이 독자적으로 고종 황제에게 러시아 공사관으로 피신하라고 권고했다니 매우 놀랍다. 그런 일은 니꼴라이 Ⅱ세의 윤허가 필요하다. 고종 황제의 러시아 공사관 피신은 현 정치적 여건하에서는 지극히 위험한 사태를 몰고 올 수 있다. 더욱이 고종 황제를 제거하려는 세력에 구실과 기회를 제공하는 일이 될 수 있다.

★ 1898년 2월 28일(3월 12일) 쉬뻬이예르가 서울에서 외상에게 보낸 비밀 전문: 대한제국 정부가 공식적인 회답을 보냈다. 러시아 정부와 황제에게 염려와 지원을 해준 데 대해 감사를 표하고 대한제국 정부는 현재 러시아의 군사 및 재정고문이 더 이상 필요 없다고 했다.

★ 1898년 3월 5일(17일) 쉬뻬이예르가 서울에서 태평양 함대 사령관에게 보낸 전문: 니꼴라이 Ⅱ세의 칙령으로 대한제국 정부에 러시아 군사교관단과 재정고문이 철수한다고 통보했다. 군사교관단은 불안한 상황 때문에 당분간 공사관의 지휘하에 이곳에 남아 있게 된다.

★ 1898년 3월 7일(19일) 태평양 함대 사령관 두바쏘프(Дубасов В. Ф.)가 서울 공사관에 보낸 비밀 전문: 대한제국에서 발생한 사태는 참으로 유감스럽다. 만약 러시아가 대한제국 북반부를 점령했다면 일본은 남반부를 장악했을 것이다.

대한제국 문제 해결의 첩경으로 남·북반부 어느 한쪽보다도 마산포(馬山浦)를 점령하는 것이 더 좋을 것이다.

★ 1898년 3월 8일(20일) 쉬뻬이예르가 서울에서 외상에게 보낸 비밀 전문: 군사교관단과 재정고문 알렉세예프(Алексеев К. А.)는 직무를 중지하고 모든 업무를 대한제국 정부에 인계했다. 대한제국 외부대신은 뻬쩨르부르그에 감사사절단을 파견하겠다고 했으나 거절했다.

대령	20달러	23달러(멕시코달러를 기준)
중대장	15달러	18달러
중대장 보좌관	12달러	15달러
중대장 보좌관보	10달러	13달러
상사	7달러	10달러
상사 보좌관	6달러	9달러
상사 보좌관보	5달러	8달러
사병	3~5센트	3~5센트

★ 고종의 칙서(러시아문): 개탄스럽다! 짐의 우둔한 통치 탓으로 쓸모 없는 자가 득세하고 덕망 있는 현명한 자는 곁을 떠나고 말았다. 지난 수십 년 동안 나라에 동란이 끊이지 않은 것은 충신이라고 생각한 자들의 행패 때문이다. 조선 500년의 사직(社稷)에 위기가 자주 겹쳐 수백만 백성은 점차 빈곤을 면치 못하고……(이하 생략)

★ 1896년 9월 26일(10. 8) 하바롭스끄에서 군관구 참모부장 그립스끼(Грибский) 소장이 참모본부 쁘로쩬꼬(Проценко) 중장에게 보낸 전문: 조선의 특사 민영환(閔泳煥)이 3일간 체류하고 9월 24(10월 8일)일 블라디보스토크로 출발했다.

★ 1896년 10월 4일(16) 아무르 군관구 사령관 두홉스끼(Духовский С. М.)가 참모부장에게 보낸 전문: 민영환과 뿌쨔따(Путята Д. В.) 대령은 군의관 1명, 장교 2명, 하사관 10명을 대동하고 10월 4일(16) 그레먀쉬(Гремящий)호로 블라디보스토크에서 제물포로 출발했다.

★ 뿌쨔따 대령이 블라디보스토크에서 참모본부 임시 학술위원회 관리관에게 보낸 암호 전문: 민영환과 교관단의 도착으로 민심은 안정되었다. 왕의 환궁(還宮)을 위해 800명의 근위대를 훈련시키는 일이 긴박해졌다.

★ 1896. 10. 24. 독립신문 국문판과 영문판(The Independent)

★ 교육기간은 4주이며 시간표는 오전 8시부터 오후 5시로 편성되었다. 학과목은 ① 교련, ② 군사예절, ③ 총기조작, ④ 사격연습, ⑤ 장전술, ⑥ 왕가 호칭, ⑦ 총검술, ⑧ 격퇴술, ⑨ 군사수칙, ⑩위병의 사명, ⑪ 암호응답, ⑫ 실기 등이다.

фонд No. 191

Опись No. 768

Дело No. 90

л.л. No. 1 - 195

연도: 1897 - 1903

압록강(鴨綠江) 산림 벌채

주요내용

★ 1897년 1월 7일(19일) 서울에서 베베르(Вебер К. И.)가 외상에게 보낸 비공식 보고서: 1월 3일(15일) 상해(上海)에 있는 러·청은행(露淸銀行)은 '조선산림회사' 업무 계약 제14조에 의거 브리네르(Бринер Ю. И.)가 조선 정부에 지불할 보증금 15,000루블이 입금되었으므로 이를 조선 정부에 통고해 줄 것을 요망하는 연락을 받았다.

★ 1897년 1월 20일(2월 1일) 브리네르가 서명한 계약서 사본: 1896년 8월 29일(9월 10일) 브리네르와 조선 정부 간에 체결된 계약에 따르면, 브리네르는 조선산림회사를 설립하고 조선 정부에 다음의 의무를 이행하기로 하였다.

★ 계약기간 동안 수입의 4분의 1을 조선 정부에 지불한다.

★ 조선산림회사 소유의 목재소, 기계, 건물 등 모든 재산의 1/4의 소유권을 조선 정부가 갖는다.

★ 1897년 2월 17일(3월 1일) 서울 러시아 공사관에서 조선 외부대신에게 보낸 외교 문서: 브리네리는 1896년 8월 29일(9월 10일) 조선 정부로부터 함경도 무산지구, 두만강(豆滿江), 압록강(鴨綠江) 및 울릉도(鬱陵島)에 산림채벌권을 획득하였으나 지방관원은 상부로부터 이에 관해 공식적인 통보를 받은 바 없다는 이유로 브리네르에게 협조를 하지 않고 있다.

★ 1897년 3월 9일(21일) 조선 외부에서 러시아 공사관에 보낸 통첩 회신: 브리네르의 이권에 대해 지방관들에게 이미 오래 전에 통보한 바 있으나 서울 러시아 공사의 요청에 따라 브리네르와 산림회사에 협조하

라는 훈령을 재차 하달하였다.

★ 1898년 8월 5일(17일) 네뽀로즈네프(Непорознев)가 서울 러시아 대리공사에게 보낸 통지서: 1898년 5월 11일(23일) 브리네르로부터 1896년 8월 29일(9월 10일) 대한제국 정부와 체결한 압록강, 두만강 및 울릉도의 삼림채벌권을 양도받았다. 그러나 어떤 한국인이 마치 8,000달러를 지불하고 자국정부로부터 채벌권을 인수한 것처럼 말하고 그곳에서 벌목작업을 하고 있다. 지방 관원이 도벌을 중지시키지 않고 있는 데 대한 해명과 그에 따른 피해가 발생하지 않도록 해 주기 바란다.

★ 1899년 9월 12일(24일) 서울 공사관 쉬떼인(Штейн Е. Ф.)이 외상 무라비요프(Муравъёв М. Н.)에게 보낸 비밀 전문: 믿을 만한 소식통에 따르면, 울릉도에서는 일본인이 도벌을 계속하고 있으나 대한제국 측에서는 이에 대한 방지책을 마련하지 않고 있다. 도벌실태를 파악하기 위해 울릉도(鬱陵島)에 군함파견이 불가피하다고 생각된다.

★ 1899년 9월 27일(10월 9일) 쉬떼인이 서울에서 외상에게 보낸 보고서: 주한 일본 공사와 사적인 대화 중에 그는 일본의 몇몇 회사들이 울릉도 삼림채벌권의 양도문제에 대해 러시아와 협상을 원하고 있다고 한다.

★ 1903년 2월 14일(27일) 쉬떼인(Штейн Е. Ф.)이 외무성에 보낸 전문: 러시아어 교사 비류꼬프(Бирюков Н. Н.)는 마쮸닌으로부터 일본인과 벌목에 관한 협상을 위임받았으나 울릉도와 압록강의 삼림채벌에 대해 일본인들은 어떤 협의도 해오지 않았다고 한다.

★ 1903년 5월 29일(6월 12일) 여순(旅順)에서 '극동 러시아 산림 및 광산회사' 전권 위임자가 주한 러시아 공사관에 보낸 통신문: 대한제국이 압록강 하구지역 거주 주민들에게 숙소 및 목재소 건축 부지용 토지를 '조선산림회사'에 양도하는 것을 금했기 때문에 작업이 더욱 어렵게 되었다. 그 조치는 1896년 8월 29일(9월 10일) 브리네르와 체결한 계약서 31항에 위배되며 현재 브리네르의 계약 권한은 마쮸닌(Матюнин Н. Г., 역주: 전 서울 주재 대리공사)과 알베르프(Альберт)(역주: 넵쓰끼(Невский) 조선소 소장)에게 승계되어 있다.

★ 1899년 7월 21일(8월 2일) 서울 러시아 공사관 관리관(역주: 대리공사 직무대리)이 외부대신에게 보낸 외교 통첩: 울릉도, 두만강 및 압록강의 벌목이권을 러시아 회사에 양도하고도 일본인과 청국인의 도벌에 어떠한 대응조치도 취하지 않고 있는 대한제국의 처사에 대해 러시아 외

무성의 항의를 전달한다.

★ 1899년 8월 5일(17일) 외부대신 박제순(朴齊純)의 회신: 도벌방지 조치를 지방 관원들에게 지시하도록 농상공부에 공문을 발송했다.

★ 1896년 9월 22일(10월 4일) 서울에서 베베르(Вебер К. И.)가 외무성에 보낸 전문: 조선 정부는 브리네르에게 20년간 조선 북부의 삼림벌채권을 주었다. 육군 소장 솔로슈꼬(Солошко)도 조선에서 여러 가지 이권을 받으려고 하였으나 아무르 동부지역 총독과 재상이 찬성하지 않았기 때문에 이를 거부했다.

★ 1903년 5월 10일(23일) 대한제국 외부대신이 서울 주재 러시아 공사관에 보낸 외교문서 회신: 용암포(龍巖浦) 산림회사에 근무하는 러시아인에게 가옥과 토지 매입불허 조치는 이전에 체결한 계약조건에 부합되지 않는다. 쌍방의 대표가 현지에 출장을 가서 직접 벌목사업장을 선정할 것을 제외한다.

★ 1903년 5월 17일(30일) 외상 람즈도르프(Ламздорф В. Н.)가 서울 러시아 공사관에 보낸 비밀 전문: 1) 압록강(鴨綠江) 유역의 대한제국 영토에서 공식적으로 목재사업을 하고 있는 러시아 회사의 법적인 권한을 가장 단호한 태도로 주장할 것. 동시에 대한제국 정부가 용암포를 대외무역항으로 개방하지 못하도록 혼신의 힘을 기울일 것.

★ 1901년 9월 11일(24일) 대리공사 빠블로프(Павлов А. И.)가 외무성에 보낸 보고서: 대한제국 황제는 울릉도(鬱陵島)에 남아 있는 목재를 왕실건축자재로 사용한다고 하며, 마뜌닌(Матюнин Н. Г.)이 이를 양해해 주기를 요청했다.

★ 1901년 9월 22일(10월 5일) 서울 공사관에서 외무성을 통해 마뜌닌에게 전해 달라고 요청한 전문: 울릉도의 희귀목은 일본인들이 도벌해 반출해 갔다. 대한제국 황제는 개인적으로 그의 요청이 수락될 것으로 생각하고 있으며 계약을 통한 보상은 고려하지 않고 있다. 공사관이 이 문제로 고종 황제와 협의하기가 불편하다.

★ 1901년 9월 27일(10월 10일) 해군중위 까르쩨프(Карцев)가 포함(砲艦) '까레예쯔(Кореец)호' 함장에게 제출한 울릉도 출장 보고서.

★ 울릉도 경치가 좋을 뿐만 아니라 산림이 울창하다.

★ 수년 전부터 인부가 들어갈 수 있는 곳은 거의 다 도벌되어 침엽수는 거의 없다.

★ 현재도 소나무가 도벌되고 있다.

★ 섬에 거주하는 일본인의 대부분은 해산물이 아닌 도벌에 종사하고 있다.

★ 섬에 대한 측량이 필요하다. 과거 군용선 '비쨔지(Витязь)호'의 측량지도는 실제 지형과 일치하지 않는다.

★ 섬은 수종이 다양하기 때문에 정확한 수종 파악을 위한 전문가의 파견이 필요하다.

★ 1903년 2월 22일(3월 7일) 람즈도르프(Ламздорф В. Н.) 외상이 서울 러시아 공사관에 보낸 비밀 전문: 산림회사 관계자들은 벌목 및 부송을 감시하기 위한 군인들을 파견하는 것이 삼림채벌 사업의 성공을 위해 불가피하다고 생각하고 있다. 그런 조치가 목격되지 않고 사태를 복잡하게 만들지는 않을지……이 전문을 베베르(Вебер К. И.)에게 전하라.

★ 1903년 2월 23일(3월 8일) 서울 러시아 공사관에서 외무성에 보낸 전문: 군인을 대한제국 영토에 파견하는 것은 눈에 띄지 않을 수 없다. 그러나 예비군에서 꼭 필요한 인원만 선정해 민간인 복장을 입히고 숙소도 검소하게 만든다면 오해를 야기하지 않을 것이며 어느 경우나 상업적인 이해관계로 해석할 수 있을 것이다.

★ 1903년 4월 12일(25일) 서울에서 쉬떼인(Штейн Е. Ф.)이 외무성에 보낸 보고서: 러시아 산림회사 경비원의 압록강 출현은 여러 기괴한 풍문을 난무하게 하고 있다. 일본은 러시아 경비원을 감시하기 위해 한 명의 장교를 포함한 10명의 경찰을 의주(義州)로 파견하였으며 최근 진남포(鎭南浦)와 평양에서도 평상복 차림의 군인 50명이 의주로 파견된 것이 확인되었다. 곧 두만강(豆滿江)에도 30명의 일본군 감시대가 파견된다고 한다. 일본은 대한제국에 대한 러시아의 탐욕스런 음모가 산림회사 사업에 숨겨져 있다며 대한제국인들을 선동하고 있다.

★ 1903년 4월 11일(24일) 대한제국 외부대신이 서울 러시아 공사관에 보낸 외교 통첩문: 의주 감영의 보고는 곧 러시아인이 중국 도적단과 같이 압록강(鴨綠江)을 넘어와 백마산성(白馬山城)에 있는 숲을 벌채하려고 준비하고 있다고 한다. 이곳은 압록강변의 숲이 아니고 내륙 깊숙이 들어와 있는 곳이며 산림회사 이권 지역에 포함되어 있지 않는 곳이다.

★ 1903년 4월 17일(30일) 서울 러시아 공사관에서 대한제국 외부에 보낸 외교 통첩문 회신: 이미 통보한 바와 같이 '산림회사'는 벌목사업을 곧 시작하려고 하고 있다. 산림회사가 도적단이 아닌 경비원과 벌목공을

대동하고 삼림채벌사업장에 들어가는 것은 전혀 이상할 것이 없다. 때문에 대한제국 외부의 요구를 수용할 수 없는 반면 오히려 대한제국 정부는 계약에 따라 협력을 해야 한다.

★ 1903년 4월 22일(5월 5일) 대한제국 외부대신이 러시아 공사관에 보낸 외교 통첩문: 현지 조사에 따르면, 백마산성은 압록강에서 30㎞ 떨어진 곳에 위치하고 있으며 산림이권지역에 포함되어 있지 않다. 서쪽으로부터 보호방벽 역할을 하는 백마산성은 대한제국의 중요한 요충지이며 압록강과는 전혀 상관이 없다. 백마산성에 있는 사람은 벌목을 금지하도록 즉각 지시해 줄 것을 재차 요청한다.

★ 1903년 4월 22일(5월 5일) 외부대신이 러시아 공사관에 보낸 외교 통첩문: 러시아인 40~50명이 용암포(龍巖浦)에서 숙소를 구입했다고 한다. 조약 조건에는 외국인 조계지(租界地) 이외 지역에서는 어떤 국가의 국민이든 가옥과 토지의 매입이나 임대를 못 하게 되어 있다. 따라서 오해가 발생하지 않도록 이곳에 입주한 러시아인들에게 퇴거를 지시해 주기 바란다.

фонд No. 150
Опись No. 493
Дело No. 8
л.л. No. 1 - 376
연도: 1898

서울에서 보낸 보고문(독립협회사건)

주요내용

★ 1898년 2월 16일(28일) 쉬뻬이예르(Шпейер A. H.) 대리공사가

외무성에 보낸 비밀 전문: 반러파가(역주: 독립협회(獨立協會)를 뜻함) 온순한 성격의 고종 황제를 이기고 친러파 관리를 파면하도록 했다. 뿐만 아니라 한·러은행(韓露銀行)과 부산(釜山)에 있는 석탄 저탄장을 폐쇄시키라고 요구하고 있다. 때문에 러시아는 대한제국에서 영향력을 상실할 수 있다. 따라서 러시아 군대가 대한제국 북부의 일부 지역을 점령해야 한다. 그때는 아마도 고종 황제가 러시아 공사관으로 다시 피신할 것이다.

★ 1898년 6월 27일(7월 9일) 동경 주재 공사 로젠(Розен Р. Р.)이 무라비요프(Муравьёв М. Н.) 외상에게 보낸 비밀 전문: 고종 황제가 대러시아 관계의 오류를 인식하고 독립협회의 음모를 밝혀 주모자를 체포하라고 하였다고 군부대신을 통해 알려 왔다. 서울 주재 일본 공사가 배후에서 독립협회를 교사하고 있다. 따라서 대한제국은 3개월도 못 가서 러시아의 도움을 요청하게 될 것이다.

★ 1898년 9월 5일(17일) 마뜌닌(Матюнин Н. Г.) 서울 주재 대리공사의 보고문: 8월 31일(9월 12일) 고종 황제와 황태자를 독살하려고 했다. 범인은 누구인지 모르나, 고종 황제의 친척인 궁내부 대신에 혐의를 두고 있다. 많은 사람이 독살 음모혐의를 받고 체포되어 유형에 처해졌다. 그중 한 사람이 전 러시아 공사관 통역관 김(역주: 金鴻陸)이다.

★ 1898년 9월 4일(16일) 최근에 시위대(근위대)의 충성심과 규율에 회의를 느낀 고종 황제는 미국인 고문 그레이트하우즈(Clarence R. Greathouse, 具體)를 통해 30명의 외국인을 상해(上海)에서 초빙해 왔다. 그중 2명이 러시아 사람이다.

★ 1898년 10월 1일(13일) 주청 러시아 공사관에서 외무성으로 보낸 비밀 전문: 서울에서 마뜌닌이 9월 29일(10월 11일) 외무성에 다음 전문을 보내 달라고 요청했다. 김홍륙은 고종 황제 독살음모를 자백하고 어제 두 명의 공모자와 함께 처형되었다.

★ 1898년 10월 1일(13일) 마뜌닌이 보낸 비밀 전문: 독립협회에서 사임을 주장한 대신을 교체했다.

★ 1898년 10월 20일(11월 1일) 마뜌닌의 비밀 전문: 고종 황제는 일본의 악의가 두려워 독립협회를 해산하기로 결정하고 러시아에 도움을 요청한다.

★ 1898년 고종 황제가 니꼴라이 Ⅱ세에게 보낸 친서.

фонд No. 143

Опись No. 491

Дело No. 21

л.л. No. 1 - 136

연도: 1899

황제에게 상주한 문서

주요내용

★ 1884년에 체결한 한·러조약은 제4조 제4절에 러시아 국민은 외국인 거주지 경계로부터 10리 이내에서는 토지나 가옥을 임대 혹은 매입을 할 수 있도록 하였으나 취득한 토지나 가옥은 지방 법령으로 조선 관헌의 재량에 따라 세금을 징수할 수 있다.

★ 1899년 1월 18일(1. 30) 서울에서 대리공사 빠블로프(Павлов А. И.)가 외무성에 보낸 비밀 전문: 대한제국 정부는 3백만~4백만 달러의 차관을 얻으려고 서울에 개설된 일본은행과 협의를 진행하고 있다.

고종 황제는 측근을 통해 러시아은행과 교섭하기를 더 희망하고 있다는 말을 전하고 대신들 모르게 대리공사와 차관 문제를 논의하고 싶다고 한다. 그러나 러시아는 대한제국의 외자도입 문제에 직접 개입하지 않는 게 좋을 것으로 생각한다.

★ 1899년 1월 21일(2. 2) 외무성에서 빠블로프에게 보낸 비밀 전문: 외무성은 주한 공사관이 대한제국의 차관문제에 직접 개입하는 것을 회피한 귀관의 견해를 전적으로 찬동한다.

★ 1899년 2월 9일(21) 외상이 대한제국 문제로 황제에 상주한 문서: 러·일 간의 우호확립에 유일한 방해 요인은 대한제국 문제이다. 일본 천황의 두터운 신임을 받고 일본에서 지대한 정치적 영향력을 행사하고 있는 야마가타(山縣有朋) 원수는 러·일 간의 대한제국 분할에 관한 협정 체결이 양국 간의 우호증진을 위한 바람직한 해결책이 될 수 있을 것이라는 견해를 밝혔다.

그는 자국 국민들에게 수세기에 걸친 대한제국 침략 야욕이 결코 헛되지 않았음을 입증하려는 듯 일본이 대한제국의 수도를 포함한 남부를 차지하고, 동해안과 서해안의 항구와 대부분의 대한제국 영토를 러시아에 양보할 준비가 되어 있다고 한다. 그러나 야마가타의 제안은 러시아가 일관되게 주장해 왔고 시모노세키조약(下關條約)에도 명시되어 있는 대한제국의 완전 독립과 모순되기 때문에 받아들일 수 없다.

대한제국문제에 관해 일본과 체결한 최초의 협정은 1896년의 모스크바 프로토콜(로바노프 - 야마가다 議定書)이다. 그 후 일본에 의해 대한제국에서 일어난 여러 사건은 모스크바 협정이 대한제국의 독립을 음해하려는 일본의 음모를 저지하기에 충분치 못했음을 보여주고 있다. 결국 동경에서 대한제국 문제로 협상이 계속되어 1896년에 체결된 모스크바 협정의 후속으로 대한제국의 안정을 보장하는 러·일 특별협정(로젠 - 니시협정)을 1898년 4월 13일(25)에 서명하였다.

그럼에도 불구하고 최근 서울에서 보내온 정보에 의하면, 대한제국의 정세가 더욱 불안해짐에 따라 일본군이 대한제국을 점령할지도 모른다고 한다.

러시아는 대한제국을 지배하려는 계획을 포기하고 일본이 대한제국을 불법적으로 점령하는 것을 허용하든지, 아니면 1896년에 야마가타가 제안한 대한제국 북부를 러시아군이 점령하는 것을 포함, 일본과 대한제국 분할안에 대한 조약을 체결해야 하는 국면을 맞이하고 있다.

★ 1899년 2월 15일(27) 외무성에서 서울 대리공사 빠블로프에게 보낸 비밀 전문: 니꼴라이 Ⅱ세(Николай Ⅱ)에게 보낸 고종 황제의 친서를 받았다. 친서에서 고종 황제는 러시아 재정고문과 군사교관단의 본국 소환이 대한제국에 대한 니꼴라이 Ⅱ세의 호의에 손상을 끼치지 않기를 바란다고 했다.

니꼴라이 Ⅱ세는 한국민과 고종 황제 개인에게 변함없이 호감을 갖고 있음을 고종 황제에게 확신시키며 고종 황제가 안심할 수 있는 회답을 전하라고 했다.

★ 1899년 3월 15일(27) 황제에게 한 상주서: 대한제국에서 러·일 영향권 분할에 관한 조항은 8항으로 되어 있으며, 앞으로 청국 요동반도에서 러시아의 견고한 토대가 확립될 때까지는 대한제국문제와 관련하여 현재의 러·일조약에 만족해야 한다.

조약문은 러시아에 어떤 의무도 지워져 있지 않으며, 러시아가 대한제국문제에 군건한 의지를 주장할 수 있을 때까지 완전한 자유를 보유하고 있다.

★ 1899년 7월 21일 대리공사 직무대리 드미뜨렙스끼(Дмитревский)가 외무성에 보낸 비밀 전문: 서울에서 60베르스따(1베르스따는 1,067 킬로미터) 지점에서 매년 일본인이 대규모로 전매품인 인삼(人蔘)을 싼값으로 수확 전에 매매하여 수탈해가고 있으나 한인(韓人)은 자금이 없어 이를 방치하고 있다.

★ 1899년 8월 3일(15) 대리공사 빠블로프가 대한제국 정세에 대하여 외무성에 보고한 수기: 작년 봄에 있었던 사건으로

러시아 교관단과 재정고문(역주: 알렉세예프를 말함)이 철수하였으며, 러·일 간에는 대한제국 문제와 관련한 이전의 조약을 개정하기에 이르렀다. 개정한 러·일조약에서 러시아는 상호간에 대한제국의 군사 및 재정 관리에 직접적 개입을 자제하기로 했으며, 대한제국에서 일본의 상공업의 발달을 방해하지 않기로 했다. 예상했던 대로 극동에 있는 외국인의 대부분은 러시아가 적어도 잠정적으로나마 약소국가인 대한제국의 정계에서 모든 역할과 활동으로부터 손을 떼었다는 확신을 갖게 했다.

그 결과 일본 정부는 매스컴 및 사회여론을 활용하여 대한제국에서 최소한 상공업 부문에서는 결정적 우위를 확보해야 한다고 선동하고 있다. 또한 이제까지 외국인들은 대한제국에서의 기업활동이 러시아 정부의 방해를 받을 수 있다는 두려움을 갖고 있었으나 지금부터는 외국인 기업가와 사업가들이 급히 서울로 몰려와 철도와 기타 여러 이권수주양여를 간청하고 있다.

이런 류(類)의 거래는 좋은 기회라고 인정해야 할 것 같다. 오래전에 자주적인 통치력을 상실한 고종 황제는 자기 측근에게조차 권위가 없으며, 대한제국의 안정과 고종 황제의 정책을 지탱해 주었던 외국의 협력(역주: 러시아의 지원)도 잃어버렸다. 고종 황제는 우유부단한 상태에서 어느 쪽이든 의지해야 한다. 시끄러운 대한제국 지배계급의 어느 한 집단이나 혹은 끊임없이 교체하는 명칭은 요란한 '독립협회', '황국협회', '만민공동회', '친러파', '친일파', '친미파', '친영파' 그리고 '친독파'로 구성되는 대신들에 의지해야 한다.

또는 노골적으로 올가미를 놓아 극히 증오스럽지만 그래도 가장 바람직한 일본 공사 관원들을 후견으로 맞이할 수밖에 없다.

фонд No. 150
Опись No. 493
Дело No. 198
л.л. No. 1 - 198
연도: 1899

대한제국(大韓帝國)의 정세

★ 1899년 7월 26일(8월 7일) 주한 러시아 대리공사 빠블로프(Павлов А. И.)의 수기(手記): 러시아는 1898년 군사 교관단과 재정 고문을 대한제국에서 철수시키고 일본과 대한제국문제에 관한 조약을 체결했다. 이 조약에서 러시아는 대한제국의 군사 및 재정문제에 대한 간섭을 하지 않으며 대한제국에서의 일본의 상공업 발전을 방해하지 않기로 했다. 이 조약이 체결된 이후 열강은 러시아가 대한제국에서 완전히 물러난 것으로 생각하고 대한제국의 경제 및 재정문제에 참여하기 위해 이곳으로 몰려들고 있다. 특히 일본이 그러하다. 고종 황제와 대한제국 정부는 매우 유약하여 일본의 영향력하에 놓여 있다. 작년 여름 서울을 방문한 이토(伊藤博文)는 경부선과 경인선(역주: 경인선은 원래 미국 Morse회사가 러시아 대리공사 베베르의 지원을 받고 얻어 착공하였으나 일본에 넘겼다.)의 부설권(敷設權)을 획득했다. 뿐만 아니라 많은 일본인이 대한제국으로 이주해 오고 있다.

대한제국은 현재 많은 정파가 있다. 그들은 정치적 이해관계보다는 뇌물을 받기 위해 정파를 구성하고 있다. 러시아는 대한제국에서 물러나면 안 된다. 이권을 따낼 수가 있다. 다만 러시아인에게 특별한 권한과 예외를 요구하고 주장해서는 안 된다. 그렇게 할 경우 다른 열강의 불만을 살 수 있기 때문이다.

★ 1899년 7월 6일(18일) 동경 주재 러시아 공사 로젠(Розен Р. Р.)의 보고서: 일본은 대한제국에서 러시아의 분노를 사지 않고 러·일 간의

조약을 준수하며 신중히 행동하고 있다. 그들은 새로운 법률을 제정하여 대한제국에서 일본인들의 사사로운 행동까지 제한하고 있다.

фонд No. 150

Опись No. 493

Дело No. 82

л.л. No. 1 - 9

연도: 1897 - 1898

대한제국(大韓帝國) 황제의 모친과 대원군 서거

주요내용

★ 1897년 12월 31일(1. 12) 무라비요프(Муравьёв М. Н.) 외상이 쉬떼인(Штейн Е. Ф.) 공사관 관리관에게 보낸 비밀 전문: 니꼴라이 Ⅱ세 황제는 고종 황제 모친(驪興府大夫人)의 서거에 조의를 전하라고 칙지를 내렸다.

★ 1898년 1월 8일(20) 쉬떼인이 외무성에 보낸 비밀 지급 공보: 대원군의 부인이자 고종 황제의 친모가 80세를 일기로 서거했다. 고종은 모친을 몹시 사랑했다. 고종의 성품이 선량하고 동정심이 많고 나약한 것도 모친을 닮았다. 그러나 고종을 몹시 증오하는 대원군의 저택을 방문하여 고인에게 아들로서의 마지막 도리를 다하는 것이 오히려 생명에 위험을 자초할 수 있다는 신하들의 만류로 인해 고종은 모친의 장례식에 가지 않을 것이다. 고인은 자선사업을 많이 해 서울 빈민층의 존경을 받았다. 장례식 일정은 아직 정해지지 않았으나, 황실 의식 절차에 따라 서거 후 3개월 이내에 하게 된다.

78세의 대원군도 최근 건강이 쇠약해져 여생이 얼마 남지 않아 보였다.

★ 1898년 2월 14일(26) 쉬떼인이 외무성에 보낸 지급 공보: 고종 황제의 친부인 대원군이 한 달 이상 설사병이 나서 2월 10일(22) 서거했다. 모친 때처럼 궁정에서 13일간 상을 치르기로 했으며 4월경 작고한 부인과 함께 합장하게 될 것이다.

★ 1898년 3월 4일(16) 아무르 동부지역 총독 그로데꼬프(Гродеков)가 서울 주재 공사대리에게 보낸 대원군의 편지 사본: "부모와 자식 간에는 세상 어느 곳에서나 화목하게 살고 있다. 그런데 수십 년 전 4명의 신하가 고종 임금 앞에서 늙은 아비를 비방한 일이 있었다. 하늘에 맹세코 말하지만 우둔한 자들이 음모를 꾸며 부자지간을 이간시켜 놓음으로써 나는 지금 아비 취급도 받지 못하고 있다.

현 고종 황제는 천성은 선량하나 나쁜 신하들의 영향을 받고 있다.

물에 사는 물고기가 어찌 땅에 서 있는 나무를 먹이로 삼고 살 수 있으며, 먹구름이 해를 가려 온 천하가 어둠에 쌓인다면 왜 두렵지 않겠는가?

나는 지금 어둠 속에 있으며 누구에게도 모습을 보이지 않고 있으나 결백하고 아무 잘못도 없다.

이런 모든 불행한 사건은 러시아와 아직 국교가 없을 때 발생한 일이다. 이제 서울에는 러시아 공사가 주재하며 궁정을 보호하고 대한제국의 모든 국사를 관장하고 있다.

총독은 서울 주재 공사의 협조하에 부자지간을 이간시키고 세상을 어지럽힌 4명의 대신을 제거해 주기 바란다. 아무도 내가 처한 진실을 러시아 공사에게 알려 주지 않고 있다.

이에 충복 한병칠을 시켜 나의 비밀 편지를 총독에게 보낸다. 총독은 죄 없이 심적인 고통을 받고 있는 나를 이해하여 공사에게 비밀리에 사건의 진상을 조사토록 하여 본인이 다시 안심하고 햇빛을 볼 수 있도록 해 주기 바란다. 나는 이제 늙어 이 세상에서 총독에게 감사드릴 수 있는 시간은 없겠지만 살아 있는 동안 총독 은혜는 잊지 않을 것이다.

대한 1년(1897년) 음력 11월 20일, 대원군(大院君) 이하응(李昰應)

фонд No. 568

Опись No. 1

Дело No. 177

л.л. No. 1-7

연도: 1901-1903

러·일의 대한제국 협상안(協商案)

주요내용

★ 이토(伊藤博文)가 제안한 협상 초안

① 러·일 양국은 대한제국의 독립을 보장한다.
② 양국 중 일국이 전략적인 목적으로 대한제국의 영토를 활용할 수 없다.
③ 양국은 해안 출입에 위협을 줄 수 있는 군사시설을 해서는 안 된다.
④ 러시아는 일본이 대한제국에서 정치, 산업, 상업상의 자유와 정부 간
  에 의무를 수행할 때, 특히 대한제국과 일본의 평화적 관계를 저해
  하는 폭동과 무질서를 진압하는 데 불가피한 군사원조를 포함, 권
  고와 협력하는 권리를 인정한다.
⑤ 본 조약으로 이전의 모든 조약은 무효화한다.

★ 러시아 측 수정 초안
이토의 안 중 4조까지는 대체로 어귀상의 해석만 다를 뿐 동일하고, 2
개 조항을 추가했다.
  ①~④는 생략
⑤ 일본의 군사파견은 일정한 정원과 필요한 기간이 지나면 즉시 소환
  해야 하며, 한·러 국경 인접지로 이동시켜서는 안 된다.
⑥ 일본은 러시아 국경과 근접지에 위치한 청국의 여러 성에 있는(역
  주: 만주) 러시아 재산권과 그 재산권 행사를 방해해서는 안 된다.
⑦ 본 조약으로 이전의 모든 조약은 무효화한다.

фонд No. 150

Опись No. 493

Дело No. 80

л.л. No. 1 - 133

연도: 1902

고종 황제 즉위 40주년 기념축전(40 - Детний юбилей Царствования)

주요내용

★ 1902년 1월 4일(17) 외무성이 서울 주재 빠블로프(Павлов А. И.) 공사에게 보낸 비밀 전문: 뻬쩨르부르그 주재 대한제국 공사는 금년 8월에 고종 황제 즉위 40주년 기념행사가 거행될 것이라고 한다. 서울의 외교대표단은 이 행사에 대해 어떤 태도를 취하고 있으며 대한제국 관습으로는 황제에 대한 의례로 어떠한 선물을 하며, 경축행사의 의의와 거행절차에 대하여 보고하라.

대한제국 공사는 몇몇 열강의 축하사절이 참석하게 될 것이라는 언질을 주었다.

★ 1902년 1월 10일(23) 빠블로프(Павлов А. И.)가 외무성에 보낸 보고서: 현재까지 대한제국 정부는 사적으로 외국 사절들에게 8월 말이나 9월 초에 행사가 개최될 것이라고 알려왔으나 정확한 시기와 절차는 경축행사 6개월 전에 공식적으로 각 공관에 통보해 줄 것이라고 한다.

행사 자체는 중요하지 않으며 다만 열강이 서울로 축하 사절을 파견하면 그것으로 고종 황제는 마치 유럽 군주와 동등한 위치에 있는 듯한 허영심을 만족시킬 수 있을 뿐이다. 서울 주재 열강의 외교대표부 동료와 사적인 대화에서 그들 대부분은 특별사절은 파견하지 않고 대신 서울 주재 외교대표가 경축행사에 참석하든지, 아니면 태평양에 해군함대를 보유하고 있는 열강은 자국 황제의 축하 서신을 소지하고 참석해 고종 황제와 황태자에게 이를 선물하게 될 것이라고 한다.

★ 1902년 4월 24일(5. 7) 빠블로프(Павлов А. И.)가 서울에서 외무성에 보낸 비밀 전문: 4월 20일(5월 3일) 대한제국 정부는 서울에 주재하고 있는 모든 외국 공관에 금년 10월 5일(18) 고종 황제 즉위 40주년 경축행사를 거행한다고 공식 통보를 했다.

★ 1902년 8월 22일(9. 4) 외상이 프레데릭스(Фредерикс В. Б.) 황실청장에게 보낸 공문: 니꼴라이 Ⅱ세의 윤허를 받아 다이아몬드로 장식한 성 안드레이(Андрей) 사도 1급 훈장, 또한 성 알렉산드르 넵스끼 흰독수리(Александр Невский) 훈장, 성 안나(Анна) 1급 훈장, 그리고 비기독교인에게 수여하는 스따니슬라프(Станислав) 1급 훈장을 고종 황제 즉위 40주년 기념품으로 결정하였다.

오는 8월 26일(9. 8) 고종 황제 재위 40주년 기념일에 즈음하여 출발하는 베베르(Вебер К. И.) 특사가 가지고 갈 수 있도록 지시하여 주기 바란다.

★ 1902년 9월 8일(21) 주한 러시아 공사관 관리관 쉬떼인(Штейн Е. Ф.)이 외무성에 보낸 비밀 전문: 대한제국 외부대신이 공식적인 외교 각서를 통해 서울 근교에 콜레라 전염병이 기승을 부려 고종 황제 즉위 40주년 기념축전을 불가피하게 연기하게 되었으니 이를 외무성에 보고를 해 달라고 요청해 왔다. 따라서 베베르의 서울 출발도 연기해 달라고 했다.

★ 1902년 9월 10일(23) 외무성에서 서울 쉬떼인(Штейн Е. Ф.)에게 보낸 비밀 전문: 서울로 가고 있는 베베르 특사에게 기념축전이 연기되었다는 소식을 전했다. 그러나 베베르 자신이 콜레라 감염을 두려워하지 않는다면 서울을 방문해 고종 황제와 우의를 돈독히 하는 것도 유익하다고 본다.

★ 1902년 9월 12일(25) 베베르(Вебер К. И.)가 외무성에 보낸 전문: 이르꾸츠끄(Иркутск)에 도착하자 서울 주재 러시아 공사의 "고종 황제 즉위 기념 축전이 내년 봄으로 연기되었다."는 전문을 받았다. 뻬쩨르부르그로 귀환해야 하는지 여부에 대해 지시를 해주기 바란다. 그러나 훈장을 전해주기 위해 여행을 계속하는 것이 좋겠다.

★ 1902년 10월 5일(18) 쉬떼인(Штейн Е. Ф.)이 외무성에 보낸 비밀 전문: 10월 3일(16) 베베르는 '아드미랄 나히모프(Адмирал Нахимов)'호로 제물포에 도착해 서울에 와서 특사 영빈관에 머물고 있다. 어제

는 끼릴 블라디밀로뷔치(Кирилл Владимировиу) 대공과 함께 베베르 특사가 고종 황제를 알현했다.

★ 1902년 10월 12일(25) 쉬떼인이 외무성에 보낸 비밀 전문: 고종 황제가 내년 4월 17일(30)로 연기한 축전 때까지 베베르(Вебер К. И.)를 서울에 머물게 재가해 달라는 전문을 니꼴라이 Ⅱ세에게 보낸다고 한다. 이 소문은 확실한 증거가 있다. 곧 전문을 보낸 것이다.

★ 1903년 3월 29일(4. 11) 쉬떼인(Штейн Е. Ф.)이 외무성에 보낸 비밀 전문: 베베르는 가을로 또다시 연기된 기념축전이 성사될 수 있을지 의심스럽다고 말하고 있다. 때문에 안드레이 사또 훈장과 니꼴라이 Ⅱ세 황제의 친서(역주: 친서에 베베르가 특사로 명기되어 있다.)를 고종 황제에게 수여하고 바로 귀국할 수 있도록 지시해 주기를 바라고 있다.

фонд No. 150

Опись No. 493

Дело No. 12

л.л. No. 1 – 304

연도: 1902

서울에서 보낸 보고문

주요내용

★ 1902년 1월 빠블로프(Павлов А. И.)가 외상 람즈도르프(Ламздорф В. Н.)에게 보낸 비밀 전문: 덴마크가 대한제국(大韓帝國)과 조약체결을 제의했다.

★ 대한제국은 프랑스은행의 '신디케이트'로부터 차관을 도입하고자 하나 영국과 일본이 이를 방해한다.

★ 대한제국과 청국에 관련된 영·일 동맹 조약문.

★ 1902년 2월 19일(3월 3일) 러시아는 서울과 노보 - 끼옙스끄(Hobo - Киевск) 간에 전신선을 연결시키려고 두만강까지 전신주를 세우고자 하였으나 일본의 반대로 러시아와 전신선연결에 실패하였다. 일본은 배후에서 함경도(咸鏡道)에 세워진 전신주를 한인을 시켜 전달하고 있다.

★ 1902년 3월 20일(4월 2일) 가토(加藤增雄) 전 일본 공사가 대한제국 정부가 군사 및 재정고문으로 취임하는 것은 반대하나 다른 고문직에 초빙하는 것은 러시아가 반대하지 않겠다고 동의했다.

★ 경의선과 경원선 철도건설은 일본의 참가를 거부하고 대한제국 정부가 주도하려고 한다.

★ 1902년 9월 10일(23일) 빠블로프의 보고문: 대한제국 정부는 외국인의 토지매입을 금지하고 있다. 일본을 제외한 열강대표들은 권력남용을 항의하기로 결의했다.

★ 1902년 9월 4일(17일) 쉬떼인(Штейн А. Н.) 서기관의 보고문: 한·미 통상조약의 개정을 검토하고 있다. 미국은 대한제국에 거주하는 미국인 사업가에게 불리한 제도를 제거하라고 요구하고 있다.

★ 일본은 경부선(京釜線) 철도건설을 재정사항으로 인해 현재 중단하고 있다. 프랑스와 러시아는 경의선 철도 부설권을 획득하려고 노력을 하고 있다. 이용익의 귀국을 고종 황제가 러시아 공사관에 요청해 왔다(역주: 이용익(李容翊)은 당시 여순항(旅順港) 러시아 극동 총독부에 피신해 있었다).

물론 일본은 이용이이 철도건설, 광산업 그리고 조폐사업의 책임자로 있기 때문에 무관심할 수 없는 일이며 이 기회를 이용, 친일 후보자를 임명하도록 압력을 가할 것이다.

★ 1902년 12월 13일(26일) 서울의 공사관에서 쉬떼인이 외무성에 보낸 비밀 전문: 베베르가 어제 고종 황제를 알현했을 때 고종은 서울의 러시아어 학교에서 공부한 10명의 한인학생을 러시아에 유학 보내고 싶다는 희망을 밝혔다. 베베르는 이들을 육군 유년학교 등에 국비로 입학시킬 수는 없는지를 문의했다.

★ 1902년 12월 16일(29일) 서울의 공사관에서 쉬떼인이 외무성에 보낸 비밀 전문: 고종 황제는 이용익 사건이 완전히 해결되었으므로 그를 귀국시켜 이전에 그가 하던 업무를 다시 시켜야 한다고 했다.

★ 1902년 12월 17일(30일) 동경에서 이즈볼스끼(Извольский А. П.) 공사가 외무성에 보낸 비밀 전문: 고무라(小村壽太郎) 외상은 이용익의 파면을 주장하지 않는다는 데 동의했다. 그러나 외상은 이용익이 외국에 잠적하고 있는 동안 기관장으로서 그의 지시나 명령은 법적인 효력이 없다고 했다.

★ 1902년 12월 21일(1903년 1월 3일) 마산포(馬山浦)에서 까자꼬프(Козаков Г. А.) 부영사가 작성한 울릉도(鬱陵島)에 관한 보고서: 보고서 상단에는 "이 정보는 일본 신문과 일본 외무성이 발행한 보고서를 참고해 썼다."고 적혀 있다. 울릉도(鬱陵島, Дажелет)는 대한제국(大韓帝國)의 가장 가까운 행정구역인 울진에서 150베르스따 떨어져 있는 공해상(公海上)에 위치하고 있다. 섬의 주위 면적은 35베르스따이며 섬은 목재가 풍부하나 남벌되었다. 섬에는 한인과 일본인 350여 명이 살고 있어 일본 정부는 질서를 유지하기 위해 경찰대를 파견하고 있다.

★ 1902년 12월 25일(1903년 1월 7일) 차르스꼬에 쎌로(Царское село)(역주: 현재의 푸쉬낀 시로 러시아 황실의 별궁이 있다.)에서 서울 주재 공사관의 쉬떼인에게 보낸 비밀 전문: 동경 주재 공사 이즈볼스끼의 보고서에 의하면, 일본 정부는 만약 고종 황제가 이용익의 귀국요청과 신변보호조치를 취했다면 그의 귀국은 어려운 점이 없을 것으로 본다고 했다. 여순(旅順)의 관동군 사령관 알렉세예프(Алексеев Е. И.) 제독에게 이용익의 서울귀환 협조를 당부했다.

★ 1902년 5월 2일(15일) 차르스꼬에 쎌로(Царское село)에서 서울 주재 공사 빠블로프에게 보낸 비밀 전문(역주: 발신자는 밝혀져 있지 않으나 니꼴라이 Ⅱ세를 대신하여 보냈다.): 대한제국 공사 이범진(李範晉)의 말에 따르면, 현재 대한제국황실 정황이 극히 불안하여 1895년 왕비가 시해되고 국왕이 러시아 공사관에 피신한 전후 실정과 같은 긴박한 분위기가 형성되었다고 한다. 일본인들이 동경에 있는 황태자의 형제인 이강(李堈)을 제위에 앉히려고 음모를 꾸미고 있어 고종 황제는 위험에 처해 있다고 한다. 이 정도가 어느 정도 신빙성이 있는지 확인하라.

★ 1902년 5월 6일(19일) 서울에서 빠블로프가 보낸 비밀 전문: 서울에 재임하고 있는 4년간 끊임없이 황제 주변에 음모가 난무하고 있다. 그러나 현재 어떤 특별한 징후는 없다.

★ 1902년 4월 24일(5월 7일) 서울에서 빠블로프가 차르스꼬에 쎌로의

황제에게 상주한 비밀 전문: 4월 20일(5월 3일) 대한제국 정부는 서울 주재 각국 외교대표부에 고종 황제 재위 40주년 경축일을 10월 5일(18일)로 확정했다고 공식 통고했다. 서울 주재 각국의 외교대표들은 경축식에 보낼 가장 좋은 선물은 국가 원수가 보내는 축하 친서가 될 것이라고 한결같이 말한다.

★ 황제는 "공감한다."라고 문서 상단에 썼다.

★ 1902년 6월 6일(19일) 외무성에서 이즈볼스끼(Извольский А. П.) 동경 주재 공사와 빠블로프 서울 주재 공사에게 보낸 비밀 전문: 요코하마(橫濱) 발 로이터통신 보도에 의하면, 일본은 마산포(馬山浦)의 토지매입을 위한 협정을 체결하였다고 한다. 이 정보를 확인, 보고하라.

★ 1902년 6월 8일(21일) 서울에서 빠블로프(Павлов А. И.)가 외무성에 보낸 비밀 전문: 1902년 5월 4일(17일) 주한일본 공사와 서명한 협정서 원본을 입수했다. 협정서에 의하면 최근 마산포(馬山浦)에서 일본이 취득한 조차지(租借地)는 총면적 900,000평방미터이며 대부분 일본 정부가 개인을 통해 이전에 매입한 토지이다. 그 가운데 약 30,000평방미터가 러시아인 소유 토지이며, 나머지는 국유지 및 한인 개인소유지 등으로 되어 있다.

★ 1902년 6월 11일(24일) 뻬쩨르고프(Петергоф, 역주: 뾰뜨르 궁전)에서 서울 주재 공사 빠블로프에게 보낸 비밀 전문: 고종 황제 재위 40주년 경축식에 즈음하여 니꼴라이 II세의 축하 친서를 수교하기 위해 고종 황제와 개인적으로 친분이 두터운 베베르(Вебер К. И.)를 서울로 보낸다.

★ 1902년 6월 4일(27일) 서울에서 빠블로프(Павлов А. И.)가 외무성에 보낸 비밀 전문: 한인들 사이에 지금까지 좋은 평가를 받고 있는 베베르

③ 조선의 각 항구에 여객선 왕래
④ 주한 러시아 공사관의 확장 및 경비강화
⑤ 러시아 군사 교관단에 의한 한국군 교육의 점진적 확대
⑥ 태평양 함대 강화
⑦ 서해에 부동항 확보

★ 1901년 남 우수리 지방 국경 행정관 스미르노프(Смирнов Е.)가

대한제국을 방문했을 때 아무르유역 군관구 사령관 그로데꼬프(Гродеко
в Н. И.)가 내린 훈령:

① 대한제국 북부 행정 당국의 실태
② 대한제국 북부와 청국과의 국경사정
③ 서울과 대한제국 북부에서 러·일에 대한 주민의 의견 수렴
④ 대한제국 북부의 일본인 거주자 인원수, 체류목적, 업종 등등
⑤ 대한제국 북부에 주둔하고 있는 대한제국 군 주둔지와 인원
⑥ 대한제국 북부에서 수집과 조달이 가능한 식료품
⑦ 가축의 수
⑧ 운송수단
⑨ 도로상태, 육로, 수로, 해로
⑩ 도착지에서 서울 주재 러시아 공사관에 전문
⑪ 귀국 즉시 여행 보고서 제출
⑫ 다음 지방 노보 – 끼옙스끄, 훈춘(琿春), 경흥(慶興), 경성(鏡城), 함
흥(咸興), 원산(元山), 서울, 평양(平壤), 의주(義州), 청진(淸津), 갑
산(甲山), 삼수(三水)를 방문하고 두만강(豆滿江)을 따라 귀국.

★ 1902년 6월 4일(17) 스미르노프(4등 문관) 국경행정관이 제출한 대
한제국 출장 보고서 요약: 고종 황제는 우둔한 신하의 실수로 러시아 교
관단과 재정고문을 서울에서 떠나게 한 것이 큰 실책이라고 했다. 고종
황제가 다시 군사교관과 재정고문의 파견을 희망해 러·일 간의 협정에
의해 불가능하다고 답변했더니 예비역을 초청하고 싶다고 했다. 황제는
또 러시아 법률집을 보내 줄 것을 요청하고 제정 러시아처럼 국가제도도
개혁하고 싶다고 했다.

★ 1901년 1월 7일(20) 빠블로프 공사 대리가 서울에서 동경 주재 러
시아 공사에게 보낸 비밀 전문: 까스뜰예프가 언급한 전 대한제국 군부대
신 이하영은 서울에 있으며 러시아에 간 적이 없다. 까스뜰예프에게 도움
을 청한 한인은 아마 1898년 음모에 가담한 자일 것이다. 이들은 지금
일본 정부가 대한제국에 인도하지 않을까 두려워하고 있다.

★ 1902년 5월 10일(23) 동경에서 이즈볼스끼가 빠블로프에게 보낸 비
밀 전문: 고무라(小村)는 대한제국과 복잡한 관계를 피하기 위해 일본에

거주하는 한인 이주자들을 엄격히 감시하고 있다고 말하며 그들 중 일부는 섬에 있도록 조치했다고 한다.

★ 1902년 5월 2일(15) 람즈도르프(Ламздорф В. Н.) 외상이 빠블로프에게 보낸 비밀 전문: 뻬쩨르부르그 부재 대한제국 공사가 최근 수차 러시아 정부에 고종 황제가 위험한 상태에 있다고 말하고 있다. 이범진(李範晉)의 말에 의하면 고종 황제는 친일파의 새로운 간계로 고종 황제가 극히 위험한 처지에 있으며 필요할 경우 다시 러시아 공사관에 피신하려 한다고 한다. 고종 황제는 둘째 아들 이강을 제위에 오르도록 꾸미고 있는 일본인의 간계로 위험을 느끼고 있다고 한다.

★ 1902년 5월 6일(19) 빠블로프가 외상에게 보낸 비밀 전문: 고종 황제가 위험에 처한 어떤 증후도 현재 포착하지 못했다.

фонд No. 150

Опись No. 493

Дело No. 188

л.л. No. 1 – 211

연도: 1903

만주문제와 대한제국 문제

주요내용

★ 1903년 6월 19일(7월 2일) 여순(旅順)에서 러시아 극동 총독 알렉세예프(Алексеев Е. И.)가 외상에게 보낸 비밀 서신: 대한제국 황제가 신임하는 부관(역주: 玄尙建)을 보내왔다. 일본의 각 신문들은 육군상 꾸로빠뜨낀(Куропаткин А. Н.) 장군과 일본 정부가 체결한 협정에서 일본이 대한제국을 임의로 관리하는 데 동의했다고 보도해 고종 황제는 몹

시 불안해하고 있다고 한다. 이에 고종 황제의 사신에게 그런 합의는 없었다고 단언했다.

★ 1903년 6월 20일(7월 3일) 동경 주재 공사 로젠이 외상에게 보낸 비밀 정보: 대한제국 문제를 둘러싼 러·일 협정은 러·일 양국이 영토의 분할보다는 세력권을 설정하는 선에서 체결할 수 있다. 이는 만주문제와 전혀 무관하다. 러시아는 일본이 만주에서 러시아 정책을 방해하지 않는 대가로 대한제국의 남부를 일본에게 넘겨주어서는 안 된다.

★ 1903년 7월 4일(17일) 알렉세예프 극동 총독이 로젠 주일 공사에게 보낸 비밀 전문: 지난 6월 19일(7월 2일) 회의의 결론은 다음과 같다.

① 러시아가 대한제국 전체나 북부지역 일부를 점령하는 것은 자국에 이익이 되지 못한다.
② 일본이 대한제국 일부를 점령하는 것도 바람직하지 않다.
③ 일본의 대한제국 점령이 가능하므로 러시아는 여기에 대비해야 한다.
④ 만약 일본이 한반도를 점령하면 러시아는 항의는 할 수 있으나 자국 군대를 투입해서는 안 된다.
⑤ 일본 측의 위와 같은 행위를 사전에 봉쇄하기 위해 러시아는 만주와 대한제국은 별개의 문제임을 선언하고 대한제국의 독립을 지원해야 한다.

★ 1903년 7월 24일(8월 6일) 육군상이 황제에게 보낸 상주서(上奏書): 일본이 대한제국을 점령하고 만주로 진격하지 않는다면 러시아는 이를 방해하지 않을 것이다. 일본은 최근 몇 년 사이에 병력을 몇 배 증강시켰다. 러시아는 만주 주둔군에서 5,000명의 기병대를 대한제국 북부로 파병하는 것이 바람직하다. 러시아에 중요한 것은 압록강(鴨綠江) 국경을 유지하는 것이다.

★ 1903년 7월 31일(8월 13일) 서울에서 빠블로프(Павлов А. И.) 공사의 비밀 전문: 서울 주재 일본 공사는 고종 황제에게 러시아가 대한제국의 독립을 위협하는 군사행동을 취하고

фонд No. 150

Опись No. 493

Дело No. 2088

л.л. No. 1 - 26

연도: 1903 - 1904

극동 특별 위원회에 보관된 1903 · 1904년 러 · 일 협상(協商) 문서

주요내용 : 참고문서(필자 없음)

★ 러 · 일 간의 외교단절 직전까지 약 6개월간 양국이 교신한 42개의 문서를 검토하였다. 이 검토의 결론은 러시아도 일본과의 전쟁을 예측하고 있었다.

그러나 러시아는 일본의 야욕의 대상이 대한제국이라 생각한바, 대한제국 문제에 있어 일본에 최대한 양보하면서 전쟁을 피해 보려고 하기도 하고 혹은 최소한 러시아에 유리한 기간(시베리아 철도 완성)까지 연기하려고 하였다.

러시아가 대한제국 문제에 관해 한계점까지 양보를 했음에도 불구하고 전쟁을 피할 수 없었던 이유는 일본이 대한제국 이외에도 또 다른 저의를 갖고 있었으나 러시아가 이를 간파하지 못했기 때문이다.

★ 1903년 6월 11일(24일) 해군소장 아바자(Абаза А. М.)가 뻬쩨르부르그에서 여순(旅順)에 있는 베조브라조프(Безобразов А. М.)에게 보낸 전문: 황제 니꼴라이 Ⅱ세는 일본이 대한제국을 북으로는 두만강(豆滿江), 서쪽으로는 러시아 산림이권이 있는 압록강(鴨綠江)까지 점령해도 좋다는 결심을 하였음을 염두에 두도록 베조브라조프에게 전했다. 황제는 대한제국 문제를 일본에 양보하면 군사충돌을 피할 수 있다고 생각하였다.

황제의 결심을 극동 총독 알렉세예프(Алексеев Е. И.)에게 전하는 것을 베조브라조프에게 위임했다. 알렉세예프에게는 새로운 훈령으로 레싸르(Лессар П. М.) 주북경공사, 로젠(Розен Р. Р.) 주 동경 공사, 빠블로프(Павлов А. И.) 주 서울 공사에게 극비리에 통고할 것이다.

알렉세예프는 3국 공사의 의견과 종합적인 정세를 참작해 시기를 선택, 일본에 언제 성명을 전달할 것인지 황제에게 보고해야 한다.

★ 1903년 7월 28일(8월 10일) 베조브라조프가 황제에게 보낸 상주서: 일본은 현재 대한제국 남부를 실제적으로 소유하고 있는 상태이며 대한제국 북

фонд No. 150

Опись No. 493

Дело No. 108

л.л. No. 1 - 65

연도: 1903

대한제국 정부의 용암포(龍巖浦) 개항건

주요내용

★ 1903년 5월 15일(28일) 서울 주재 공사 빠블로프(Павлов А. И.) 가 외무성에 보낸 비밀 전문: 서울 주재 일본 공사는 영국인 브라운(J. McLeavy Brown)과 함께 고종 황제에게 용암포를 대외무역항으로 개항하는 것이 불가피하다고 설득하고 있다. 압록강(鴨綠江)에는 러시아 산림 이권이 있으므로, 용암포의 개항이 러시아에 피해를 가져올 수 있다.

★ 람즈도르프(Ламздорф В. Н.) 외상(外相)이 서울 빠블로프에게 보낸 비밀 전문(날짜 없음): 용암포 개항을 모든 방법을 다 동원하여 저지하고 벌목장의 보호권을 계속 주장하라. 고종 황제가 개항의 압력을 받고 있으니 그를 지원하라.

★ 1903년 6월 12일(25일) 서울에서 빠블로프가 외무성에 보낸 비밀 전문: 의주(義州)에는 많은 일본인들이 있다. 일본 공사는 의주에 영사파

견을 고려하고 있다고 한다. 알렉세예프(Алексеев Е. И.) 제독이 보내준 정보에 따르면, 의주에 무장한 일본인이 출현하여 강을 따라 운반하는 뗏목을 세우고 벌목도 방해하고 있다. 이 같은 일본의 행위는 무슨 사건을 조작하려는 것 같다.

★ 1903년 6월 27일(7월 10일) 빠블로프가 외무성에 보낸 비밀 전문: 일본 정부는 대외무역항으로 용암포를 개항하라고 고종을 협박하고 있다. 고종이 거부하면 일본은 군대를 진주시킬지도 모른다. 고종은 그 경우에 러시아가 무력지원을 약속해 줄 수 있는지 묻는다.

★ 1903년 7월 5일(18일) 여순(旅順)에서 극동 총독 알렉세예프(Алексеев Е. И.)가 외무성에 보낸 통신문: 여순에서 개최된 회의 참석자와 결정사항은 다음과 같다.

회의참석자: 꾸로빠뜨낀(Куропаткин А. Н.) - 육군상

레싸르(Лессар Н. М.) - 북경 주재 공사

빠블로프(Павлов А. И.) - 서울 주재 공사

알렉세예프(Алексеев Е. И.) - 극동 총독(관동군 사령관)

베조부라조프(Безобразов А. М.) - 상서(尚書)

플란손(Плансон Г. А.) - 극동 총독 외교 담당관

결정:

★ 대한제국 정부의 압록강(鴨綠江) 개항 승낙이 러시아에 일본과의 개전 사유는 될 수 없다.

★ 한국과 일본 정부에 각각 압록강 개항은 러시아 이해관계에 적대적인 행위임을 경고해야 한다.

★ 개항문제에 관한 한 러시아의 항의는 공격적인 성격을 띠어서는 안 된다.

★ 1903년 7월 18일(31일) 북경(北京)에서 레싸르(Лессар Н. М.) 공사가 외무성에 보낸 비밀 전문: 레싸르가 알고 있는 정보는 압록강 개항 문제에 대해 대한제국(大韓帝國) 정부는 일본의 압력을 받고 있는 것이 아니고 일본과 공동으로 행동하고 있다. 한국은 압록강 지역(국경)에서 러시아의 영향력 강화를 두려워하고 있다. 한국은 압록강 유역의 산림이권을 러시아인에게 주기를 내심 바라지 않고 있는 것 같다.

★ 1903년 8월 4일(17일) 빠블로프(Павлов А. И.)가 외무성에 보낸

비밀 전문: 일본 정부는 8월 1일(14일) 러시아 산림회사 행위를 비난했다. 일본은 러시아가 대한제국과 체결한 삼림채벌 협정을 대한제국이 파기하라고 요구하고 있다. 그렇지 않을 경우 일본은 압록강을 무력으로 점령하겠다고 위협한다. 대영제국도 압록강을 7일 이내에 개항하라고 대한제국에 요구한다.

★ 1903년 8월 6일(19일) 빠블로프가 외무성에 보낸 비밀 전문: 대한제국 정부는 용암포(龍巖浦)에서 러시아 산림회사에 해안지역 약 7베르스따(역주: 1베르스따는 1,067킬로미터)를 포함, 2평방 베르스따의 토지제공에 대한 협의를 하기로 했다.

★ 1903년 8월 15(28일) 빠블로프(Павлов А. И.)가 외무성에 보낸 비밀 전문: 대한제국 정부와 긴스부르그(Гинзбург, 역주: 러시아 산림회사 서울사무소장) 간에 용암포 토지 제공에 대한 협의가 이루어지지 못했다. 대한제국 정부는 일본 측의 협박을 빌미로 이를 미루고 있다. 빠블로프는 벌써 이 지역은 러시아에 위임된 것이므로 협정은 형식에 지나지 않는다고 밝혔다. 일본과 영국은 의주의 개항을 요구하는 것이 아니고 바로 용암포의 러시아 벌목작업지역의 개항을 요구하고 있다.

★ 1903년 9월 6일(19일) 여순(旅順)에서 알렉세예프 총독이 외무성에 보낸 비밀 전문: 러시아 산림회사의 압록강 벌목 작업장이 무장습격을 받았다는 보고를 받았다. 가끔 그곳의 상황을 파악하기 위해 군함을 파견하고 있다.

상주하고 있는 외교대표는 의주개항에 관련한 대한제국 정부의 설문서에 다음의 답변을 보내왔다.

가) 프랑스 및 미국 – 용암포(龍巖浦) 개항을 반대한다.

나) 독일 및 벨기에 – 관심 없다.

다) 영국 및 일본 – 의주(義州)가 아닌 용암포를 개항하라.

★ 1903년 9월 17일(30일) 빠블로프가 서울에서 보낸 비밀 전문: 오늘 아침 일본 군함 20척이 마산포(馬山浦)에 도착했다. 대마도(對馬島)에는 수송선을 포함, 총 40척의 군함이 집결해 있다.

★ 1903년 10월 6일(19일) 빠블로프(Павлов А. И.)가 서울에서 외무성에 보낸 비밀 전문: 고종 황제는 러시아 국적을 갖고 대한제국 군대에 근무하는 김을 여순(旅順)의 극동 총독에게 급파해 베베르(Вебер К. И.)를 서울 주재 공사로 임명해 줄 것과 궁정경비병의 파견을 비밀리에

요청했다. 총독은 베베르 공사의 임명건은 긍정적으로 답변하였으나 경비병 파견건은 답변을 회피했다고 한다.

★ 1903년 11월 2일(15일) 빠블로프(Павлов А. И.)가 서울에서 외무성에 보낸 비밀 전문: 서울 주재 미국 공사는 워싱턴(Washington)에서 받은 훈령을 인용, 일본·영국의 용암포 개항 주장에 합류하였다. 아직 대한제국 황제는 공식적으로 동의하지 않았으나 내일 개항을 공식적으로 선언할 것이다.

★ 1903년 12월 8일(21일) 빠블로프가 서울에서 외무성에 보낸 비밀 전문: 어제 고종 황제가 러시아 공사관에 밀사를 보내와 전하기를 일본, 영국, 미국의 공사들이 고종 황제에게 러·일 협상은 중지되었으며 이제 양국 간의 공식적인 외교단절과 개전이 불가피하다고 은밀히 알려주었다고 한다. 궁정에서 비밀리에 알려온 정보에 의하면, 최근 평양에 신축한 궁정으로 천도하는 문제가 거론되었다고 한다.

★ 1903년 12월 14일(27일) 빠블로프(Павлов А. И.)가 서울에서 외무성에 보낸 비밀 전문: 믿을 만한 정보 소식통에 의하면, 오늘 영국의 함대가 용암포 개항을 강요하기 위해 제물포에 입항한다고 한다.

★ 1903년 12월 17일(30일) 빠블로프가 서울에서 외무성에 보낸 비밀 전문: 오늘 고종 황제는 신임하는 환관(宦官)을 통해 일본이 대한제국을 점령하리라는 것은 의심의 여지가 없으며 서울 주둔 일본군은 궁정을 포위하고 그들에게 매수된 시위대는 자신을 살해할 것 같으니 어떻게 하면 좋은지에 대해 러시아 정부의 조언을 요청했다. 아마 고종 황제는 자신이 위기에 처할 경우, 공사관으로부터 러시아로 망명을 할 수 있도록 은신처를 제공하겠다는 약속을 기대하고 있는지도 모른다.

★ 1903년 12월 28일(1904년 1월 10일) 빠블로프(Павлов А. И.)가 서울에서 보낸 비밀 전문: 어제 각부대신이 다 모인 조회에서 용암도 개항을 결의했으나 고종 황제는 얼마 전 서거한 왕후의 상을 구실로 대신회의는 불법이라고 이를 승인하지 않았다.

фонд No. 150
Опись No. 493
Дело No. 145
л.л. No. 1 - 85
연도: 1903

<u>이용익의 서울 탈출과 벨기에 차관건</u>

주요내용

★ 1902년 11월 19일(12. 2) 서울 주재 러시아 공사관 쉬떼인(Штейн)이 외무성에 보낸 비밀 전문: 이용익에게 공사관에 은신처를 제공했다. 모든 대신이 그의 처형을 요구한다. 엄상궁이 황후 칭호를 받지 못하게 되자 대신들을 매수하여 황제의 총애를 받고 있는 이용익이 엄상궁을 모욕했다는 허위 사실을 유포, 지탄을 받게 하였다.

★ 1902년 12월 3일(16) 관동군사령관 알렉세예프(Алексеев Е. И.) 제독이 청국 여순(旅順)에서 외무성에 보낸 비밀 전문: 쉬떼인이 두 척의 전함을 제물포(濟物浦)로 파견해 달라고 요청했다.

★ 1902년 12월 6일(19) 람즈도르프(Ламздорф В. Н.) 외상이 쉬떼인과 알렉세예프에게 보낸 비밀 전문: 니꼴라이 Ⅱ세(Николай Ⅱ)는 전함 파견은 필요치 않다고 생각한다.

★ 1903년 3월 6일(19) 쉬떼인이 외무성에 보낸 비밀 전문: 이용익은 어제 제물포(濟物浦)에 귀국했다.

★ 1903년 3월 6일(19) 쉬떼인의 비밀 전문: 고종 황제는 이용익 사건 때 개인적으로 긴스부르그(Гинзбург) 남작에게 광산이권을 주겠다고 약속했었다. 그러나 지금은 부인하고 있다.

★ 1903년 3월 15일(28) 쉬떼인의 지급 정보: 벨기에인 재정고문이 대한제국에 임명될 것이다.

★ 1903년 6월 5일(18) 빠블로프(Павлов А. И.) 공사의 지급 정보: 바로 이용익 자신이 위험한 음모자다. 그는 러시아 공사관이 범죄자 은닉

장소임을 일본에 알려 러시아의 명예를 훼손시키려는 음모를 계획하였다.

фонд No. 150

Опись No. 493

Дело No. 14

л.л. No. 1 – 337

연도: 1903

서울에서 보낸 보고문(지급공보) – 베베르의 手記 –

주요내용

★ 1903년 1월 3일(16) 서울 공사관 쉬떼인(Штейн А. Н., 7등관)의
보고서: 부산의 일본조차지 내에서는 외국인이 사무실 및 창고 용도로 부
동산을 매입하거나 임대할 수 없게 되었다. 대한제국(大韓帝國) 당국은
약간의 수입만 있으면 모든 것을 묵인하고 있다.

★ 1903년 1월 12일(25일) 쉬떼인 보고서: 대한제국 정부는 일본 미쓰
이회사(三井會社)와 계약을 체결하고 배수량 3,000톤의 군함 한 척을 구
입하기로 했다.

★ 1903년 8월 4일(17일) 빠블로프(Павлов А. И.) 공사의 보고서:
대한제국 정부는 영·일의 압록강(鴨綠江) 개항을 요구하는 위협에 직면,
결국 개항이 불가피하다는 결론을 내리고 있다.

★ 1903년 9월 빠블로프의 비밀 전문: 러·일 개전 시 대한제국을 점
령하려는 계획으로 일본군 총사령부가 대한제국 지도를 제작하였다.

★ 1903년 12월 8일(21일) 빠블로프의 비밀 전문: 서울에서 러·일 간
에 곧 외교관계가 단절되리라는 불안한 소문이 나돌고 있다.

★ 1903년 고종 황제 칭경(稱慶) 40주년 기념행사에 러시아 특사로 파

견된 전직 주한 공사 베베르(Вебер К. И.)가 서울에서 쓴 수기. 제목은 「1898년 전후 대한제국에 관하여」로 되어 있다. 이 수기에서 베베르는 대한제국의 대청·대일·대러 관계와 당시 상황을 자세히 분석하였다.

★ 1903년 6월 5일(18일) 서울에서 빠블로프 공사가 람즈도르프(Ламздорф) 외상에게 보낸 서신: 고종 황제의 측근이며 황실 재정을 총괄하고 있는 이용익(李容翊)이 작년 가을 암살미수사건 이후 공사관에 머물다가 여순(旅順)으로 피신했었다. 그러나 그 후 귀국한 이용익은 머리에 단독이 생겨 위독한 상태가 되었고 이를 감지한 일본 공사관이 의사와 일본 경찰을 보내 서울에 있는 일본병원에 입원치료를 시키고 회유하였다. 그러나 뜻대로 되지 않자 병실을 폭파하여 그를 살해하려 하였다. 다행히 이용익이 무사하게 되자 즉시 고종 황제가 황실 시위대를 보내 호위하여 퇴원시키고 황실 부근에 있는 이용익 자택으로 옮겼다(역주: 제정 러시아 관직은 15등급으로 구성되어 있었다).

фонд No. 191

Опись No. 768

Дело No. 278

л.л. No. 1 - 61

연도: 1904

보고서(1904년)

주요내용

★ 1904. 1. 8(21) 서울 주재 빠블로프(Павлов А. И.) 공사가 외상 람즈도르프(Ламздорф В. Н.) 백작에게 보낸 보고서:

① 대한제국 황제는 극비리에 신임하는 내관(內官)을 시켜 신상에 위험이 닥칠 경우 러시아 공사관 피신처 제공과 러시아 국내로 망명할 수 있도록 협조를 호소했다.
② 최근 며칠 동안 황실(皇室)은 물론 서울의 일반 시민에게도 긴장이 고조되어 있다. 제물포에 미국과 영국의 상륙병이 도착해 서울로 올 것이라는 소문이 불안을 더욱 가중시켰으며 게다가 1903. 12. 20(1904. 1. 2) 대비(大妃)의 서거까지 겹쳤다.
③ 고종 황제의 계획에 따르면, 대궐을 빠져나오기가 용이하고 그의 피신을 예상할 수 없도록 하기 위해 대비의 시신을 이장할 때 사당에서 곧바로 공사관 담장의 샛문을 통해 러시아 공사관에 오겠다는 것이다.

1904. 1. 12(25) 고종 황제 시종 무관 현상건(玄尙健)이 1903. 12. 30(1904. 1. 12) 러시아 순양함(巡洋艦) '봐랴그(Варяг)'호로 여순항(旅順港)에서 인천에 도착해 서울로 왔다. 현상건은 작년 가을에 고종 황제의 극비 위임을 받고 뻬쩨르부르그에 출장가 러·일전쟁이 발생할 경우 대한제국은 엄정 중립을 고수하겠다는 고종의 친서를 니꼴라이 Ⅱ세(Николай Ⅱ) 황제에게 전달하였다.

1904. 1. 24(2. 6) 일본 공사는 또다시 모든 친일 고관을 야간에 초청하여 한·일 동맹체결에 대한 황제의 서명을 받아내라고 설득했다. 일본은 확실히 고종 황제를 매수할 수 있을 것으로 생각하고 있으며 그 대가로 일본에 피신하고 있는 대한제국의 정치범을 인도해 주겠다고 약속했다. 고종 황제는 망설이고 있는 것 같다.

★ 1904. 2. 16(3. 1) 빠블로프 공사가 외상에게 보낸 보고서: 1904. 1. 26(2. 8) 소형 포함 '까레예츠(Кореец)'(역주: 한인(韓人)호는 마산포 개항 기념으로 명명되었다.)호가 공사관 보고서를 갖고 16시경에 제물포(濟物浦)를 출발, 여순(旅順)으로 항해 중 순양함 3척, 수뢰정 8척, 대형 병력 수송선 3척으로 구성된 일본 함대와 팔미도 앞 바다에서 조우, 항로 방해를 받고 다시 제물포에 돌아오지 않으면 안 되었다.

1. 27(2. 9)일 아침 7시 30분 일본 해군소장 우리우는 제물포항에 정박하고 있는 외국 군함(역주: 영국, 프랑스, 이탈리아, 미국, 러시아) 함장에게 러·일이 적대 관계에 진입되었다는 것을 통고하고(역주: 선전포고

전) 러시아 군함은 정오 12시 이전에 정박지를 떠나라고 경고했다. 만약 출항을 하지 않을 경우 바로 정박지에서 공격하겠다고 위협했다.

이 상황에서 '봐랴그'호 함장 루든예프(Руднев) 해군 대령은 비록 '까레예츠'호를 포함한 러시아 함대는 2척에 불과해 일본 함대를 돌파할 기회가 거의 없을 것이라는 사실을 알면서도 불가피하게 정박지를 벗어나 일본 함대와 일전을 결심할 수밖에 없었다.

12시에 팔미도(八尾島) 앞바다에서 러시아 함대는 수와 화력 면에서 월등한 일본 함대와 1시간 동안 러시아 해군사상 전무후무한 치열한 해전을 하였다. 함포 소리는 서울까지 역력하게 들렸다. '봐랴그'호는 막대한 인명 손실을 입었다. 전사 40명 이상, 중상 65명, 그리고 루든예프 대령 자신도 머리에 파편상을 입었으며 '봐랴그'호와 '까레예츠'호는 수장시킬 수밖에 없었다.

★ 1904. 2. 16(3. 1) 빠블로프가 외상에게 보낸 보고서: 1. 28(2. 10) 미국 공사와 영국 공사는 사전에 일본 공사를 면담한 후 러시아 공사관을 찾아왔다. 이들이 비밀히 전해 주는 말은 일본 정부는 러시아 공사관의 서울 철수를 요구하고 있으며 순응하지 않을 경우 강제로 축출당하게 될 수도 있음을 일본 공사가 우려하고 있다는 말을 전해 주었다.

1. 30(2. 12) 아침 8시에 공사 관원 일동은 공사관을 떠나 서울역으로 갔다. 가는 길에는 일본 헌병대가 도열해 있었으며 제물포까지 열차에는 일본군 소장 이지찌(伊地知) 소장과 장교 2명이 동행했다.

부두에 도착해 프랑스 순양함(巡洋艦) '파스칼(Pascal)'호에 승선했다. 파스칼호에는 이미 '봐랴그'와 '까레예츠'호에서 구출한 해군 239명이 있었다. 서울과 제물포 거주 러시아인까지 승선해 총 370명이 파스칼호에 승선하였다. 그중 여성과 어린아이가 20명 이상 되었다.

фонд No. 150

Опись No. 493

Дело No. 585

л.л. No. 1 - 24

연도: 1904

대한제국(大韓帝國) 내의 일본정책

주요내용

★ 1904년 7월 3일(16일) 외상이 알렉산드르 미하일로뷔치(Алексан др Михаилович) 대공에게 보낸 보고서: 대한제국 황제의 이름으로 한·러 간의 모든 조약이 폐지되었다는 칙령이 공포되었다. 그러나 고종 황제는 동의하지 않았다.

★ 1904년 7월 18일(31일) 북경 주재 러시아 공사 레싸르(Лессар П. М.)가 외무성에 보낸 비밀 전문: 대한제국 정부가 발표한 성명서에는 만주(滿洲)에서 거주하는 한인의 보호뿐만 아니라 한·청 간의 모든 분쟁도 일본의 지원을 받아 해결할 것이라고 하였다.

★ 1904년 10월 9일(22일) 상해에서 라스뽀뽀프(Распопов)의 보고문: 일본 정부는 대한제국의 칠도사무를 권장하기 위한 관리를 임명했다. 실제적으로 대한제국의 모든 철도, 전신국, 항만의 전략적인 시설물은 일본의 관할하에 있다. 일본은 대한제국을 완전히 통제하고 있다.

фонд No. 191

Опись No. 768

Дело No. 382

л.л. No. 1 - 4

연도: 1904

대한제국(大韓帝國) 중립준수(中立遵守) 희망

주요내용

★ 1904. 1. 1/14. 서울 주재 러시아 공사 빠블로프(Павлов А. И.)가 외상에게 보낸 보고서: 1903. 12. 30./1904. 1. 12. 뻬쩨르부르그에서 귀국한 시종무관 현상건(玄尙建)이 니꼴라이 Ⅱ세(Николай Ⅱ) 황제의 친서를 어제 고종 황제에게 전하고 오늘 1904. 1. 1/14 공사관을 방문하여 고종 황제는 이제 니꼴라이 Ⅱ세의 호의로 대행이 안심하게 되었다고 전했다. 그리고 대한제국의 독립이 러시아의 후원으로 보장되리라는 확신을 갖게 된 고종 황제는 중립선언을 전문(電文)으로 세계열강에 대한제국 정부 명의로 러·일전쟁이 발발할 경우 엄정 중립을 준수한다는 성명을 발표할 계획이라고 말했다.

현상건은 위와 같은 전문을 서울에서 일본 전신국을 통해 보낼 수 없기 때문에 상해(上海)에서 보내려고 하고 있다며 이에 대해 본 공사의 협조를 요청했다.

러시아 정부의 훈령을 받을 때까지 기다려 달라고 요청하였으며 더욱이 상해행 여객선도 1. 5/18에 출발한다고 했다.

★1904. 1. 4/17. 여순항에서 5등관 플란손(Плансон Г. А.)(역주: 플란손은 극동 총독 외교담당관의 재직)이 서울 주재 공사 빠블로프에게 보낸 비밀 전문: 러·일 충돌 시 엄정 중립을 지키겠다는 고종 황제의 중립선언 전문은 서울 주재 프랑스 공사관을 통해 프랑스의 상해 영사관으로 보내는 것이 바람직하다.

★1904. 1. 5./18. 빠블로프 공사가 외상에게 보낸 전문: 대한제국 중립

선언 전문은 1901년부터 대한제국 영사직무를 대행하고 있는 청국지부 (芝罘) 프랑스 영사가 지부에서 발송하기로 했다.

전문은 불어로 대한제국 외부대신(外部大臣)이 서명과 날인하고 오스트리아, 미국, 영국, 독일, 이탈리아, 청국, 러시아, 프랑스 그리고 일본 외상 앞으로 보낸다.

분명히 고종 황제의 중립선언(中立宣言) 전문 발송은 일본이 강요하는 한일동맹과 보호조약 체결 서명에 단호한 거부를 의미하는 것이다.

★1904. 1. 17./30. 플란손이 여순항에서 빠블로프 서울 주재 공사에게 보낸 비밀 전문: 러시아 제국 정부는 러·일 충돌 시 중립을 천명한 대한제국의 중립선언을 접수하였으며 이에 전적으로 공감한다고 고종 황제에게 전하라.

РГВИА(군사문서보관소)

фонд No. 165

Опись No. 1

Дело No. 1079

л.л. No. 1

언도: 1904

니꼴라이 Ⅱ세(Николай Ⅱ)의 러·일전쟁에 대한 대국민 호소문
(대한제국 문제 – 러·일전쟁(1904 – 1905)과 관련)

주요내용

★ 짐은 충성스런 전 국민에게 포고한다. 평화를 유지하고자 하는 배려에서 극동의 안정을 확립하기 위해 모든 노력을 다했다. 짐은 대한제국 문제에

대한 러·일 두 제국이 전에 체결한 조약을 다시 개정하자는 일본 정부의 제안에 평화를 위해 동의를 표명하였었다. 그러나 일본 정부는 개정을 제기한 대한제국 문제에 관해 협의가 끝나기도 전에 짐의 정부의 최종적인 대안을 기다리지도 않고 협상 중지를 통고하고 러시아와 외교를 단절하였다.

일본 정부는 그와 같은 외교 단절이 개전을 의미하게 될 것이라는 사전 경고도 없이 갑자기 여순항(旅順港) 외항에 정박 중인 러시아 함대를 기습할 것을 일본 어뢰정에 명령했다.

짐은 극동 총독이 공격을 받았다는 보고를 받고 즉시 일본에 무력 대응을 하라는 칙명을 내렸다. 짐의 이와 같은 결정을 국민에게 포고하면서 하느님의 도움과 충성스런 전 국민이 조국 방위를 위해 다 함께 궐기해 나서리라고 굳게 확신하며 용감한 짐의 육군과 함대에 하느님의 축복을 기원한다(전문 번역).

1904년 1월 27일(2월 9일)

뻬쩨르부르그, 니꼴라이 Ⅱ세의 서명

фонд No. 150

Опись No. 493

Дело No. 630

л.л. No. 1-21

연도: 1905

1905년 포츠머스(Portsmouth) 조약으로 파생된 문제를 심의한 1905년 9월 21일자 회의록

주요내용

★ 1905년 9월 21일(10월 4일) 니꼴라이 Ⅱ세 황제의 칙령으로 뷔떼

(Витте С. Ю.)(역주: 뷔떼는 1등관으로 1892년 - 1903년까지 財相을 역임하고 1903년 - 1906년까지 내각의장으로 있었으나, 군주국가였기 때문에 내각의장직은 실권이 없는 유명무실한 직책이었다. 1905년 포츠머스 회담 러시아 측 대표) 백작 저택에서 회의가 진행되었다. 뷔떼는 포츠머스에서 체결한 조약문은 포괄적인 것으로 합의를 쉽게 도출하기 위해 전권대표는 많은 문제를 논의하지 않았다고 말했다. 바로 이 점이 조약문을 여러 가지로 해석하게 하는 근거가 되고 있다.

특별회의는 다음과 같은 결론을 내렸다.

★ 조약문 제2조에서 언급한 한·러 국경상에서의 군사행위 제한이라는 문구는 남우수리지방(Южно - Уссурийский район)을 포함하고 있지 않기 때문에 이곳을 대포의 사정거리 밖에 두기 위해서는 '국경'을 국경인접지역으로 해석하는 것이 바람직하다.

★ 대한제국(大韓帝國)의 독립은 상실되지 않았으며 전처럼 러시아 정부는 대한제국의 독립을 인정할 수 있다. 그러나 대한제국의 독립에 관해 타 열강의 견해는 외무성이 직접 확인하는 것이 좋을 것이다. 러시아인은 대한제국에서 여타 열강의 국민들이 누리는 권리를 행사할 수 있다.

★ 영·일 신조약은 포츠머스 조약 이후에 비준되었기 때문에 일본과의 협상에서 참고할 수 없었다.

★ 일본 정부가 대한제국 내에 주둔군 정원을 조약문에 표시하기를 끝내 거부하였기 때문에 러시아는 남우수리 지방에 충분한 군대를 보유함으로씨 이에 대치해야 한다.

★ 특히 대한제국 북부에 일본군의 주둔은 러시아에 위협이 되기 때문에 러·일 관계가 호전되면 동경 주재 러시아 공사로 하여금 일본 정부와 협의를 통해 이들을 철수시켜야 한다.

фонд No. 818

Опись No. 1

Дело No. 120

л.л. No. 1 - 4

연도: 1905

대한제국의 독립과 포츠머스 강화 조약(講和條約)

주요내용

★ 1905년 10월 4일 외상이 파리, 베를린, 워싱턴 주재 러시아 공관장에게 보낸 훈령: 포츠머스 강화조약 제2조에 러시아는 대한제국에서 일본의 정치, 군사, 경제의 우월성을 인정했다. 그러나 러시아의 극동정책의 원칙을 파괴하는, 인접국 대한제국의 독립을 일본에 양보하는 것은 고려하지 않았다.

프랑스, 독일, 미국 정부가 대한제국의 국제적인 지위를 인정하고 이 나라에서 종전과 같은 외교관 직위를 유지할 것인지 문의하라.

★ 1905년 11월 9일(22)/11월 11일(24)/11월 12일(25)/11월 14일(27) 외무성에서 유럽 주재 자국 공사에게 보낸 전문: 을사늑약에 관해 러시아 외무성이 런던, 비엔나, 로마, 워싱턴, 베를린, 파리 각국 공관장에게 한·일(韓日) 을사늑약은 강요에 의한 불법임을 설명하고 각국 정부의 의사타진과 이에 대책을 문의하자 각국의 반응은 일본의 정치상황을 인정하고, 특별한 반응을 보이지 않았다(역주: АВПРИ 외교문서 참고).

фонд No. 818

Опись No. 1

Дело No. 112

л.л. No. 1 - 11

연도: 1905

헤이그(Hague) 국제회의 대한제국 대표 초청 및 북경(北京) 주재 러시아 공사와 서울 러시아 영사관 개설에 관한 비밀 전문

주요내용

★ 1905년 10월 18일(11. 1) 외상이 북경 주재 러시아 공사 빠꺼띨로 프(Покотилов Д. Д.)에게 보낸 지시문: 러시아는 대한제국의 주권불가 침을 인정하며 국제회의에서 상기 견해를 밝힐 수 있도록 헤이그 국제회 의에 대한제국 대표를 초청하였다. 초청장은 9월 26일(10. 3) 뻬쩨르부르 그 주재 대한제국 공사에게 외교문서로 전달되었다. 러시아 정부는 이범 진 공사를 합법적인 공사로 지금도 인정하고 있다. 그곳에 있는 고종 황 제의 밀사에게 이 뜻을 전해도 된다.

(역주: 고종 황제는 서울 불어학교 교사 마르텔(Мартел)을 북경 주재 러시아 공사에게 극비리 파견하여 헤이그 국제회의에 대한세국 대표의 초청을 요청하였다. 이에 대한 답변으로 이미 초청을 하였음을 상기시켰 다. 그러나 을사늑약 이후 국제정세의 변화는 러시아의 대한정책에 혼선 과 모순을 노출시킨다. 막상 회의가 개최되자 러시아 대표는 우리 측 대 표의 회의장 입장을 거부했다.)

★ 1905년 11월 30일(12. 13) 북경에서 빠꺼띨로프가 외무성에 보낸 보고서: 1905년 11월 4일 서명한 한·일 조약에서 대한제국은 외교업무 를 일본 정부에 위임했다. 앞으로 외교관 설치 및 파견은 일본 정부의 증 인이 필요하다. 미국, 영국, 독일은 서울 주재 공관의 폐쇄를 일본 정부에 통보했다.

★ 1905년 12월 3일(16) 북경에서 빠꺼띨로프가 외무성에 보낸 보고서: 청국 주재 일본 공사는 각국 외교대표부에 1905년 12월 1일자로 회람문을 발송하여 11월 4일 체결된 한일 조약에 따라 청국 주재 대한제국의 외교관은 소환되며, 외교 및 영사업무는 일본 외무성에 이관된다고 했다.

★ 1905년 12월 10일(23) 빠꺼띨로프가 외무성에 보낸 보고서: 청국 주재 일본 공사 고무라(小村)는 서울에 러시아의 총영사 파견은 문제가 없을 것으로 본다며, 일본 정부와의 합법적인 외교채널로서 동경 주재 프랑스 공사를 통하는 것이 좋겠다고 했다.

1905년 5월 5일 고종의 칙령으로 대한제국과 러시아와의 모든 조약은 무효화되었으며, 포츠머스 조약 2조(대한제국에서 러시아 국민의 최혜국 대우)에 근거 영사 임명을 할 수 있으나, 이 조약은 일본 정부와 체결했기 때문에, 서울 주재 러시아 총영사의 임명은 동경을 통해야 한다고 한다.

фонд No. 150

Опись No. 493

Дело No. 586

л.л. No. 1 - 26

연도: 1905

일본이 고종 황제를 일본의 목꼬로 납치기도

(Намерение Японцев выезти КОРЕЙСКОГО ИМПЕРАТОРА в Мокко)

주요내용

★ 1905년 4월 22일(5. 5) 유고슬라비아 베오그라드(Белград) 러시아 공사관에서(보고자 미상) 외상 람즈도르프(Ламздорф В. Н.) 백작에

게 보낸 보고서: 베오그라드 주재 프랑스 공사관 1등 서기관 퐁트네 (Vicomte de Fontenay)(역주: 러·일전 개전 시 서울 주재 프랑스 대리공사 역임)는 일본에서 받은 정보를 외상에게 전해주기를 바라고 있다.

퐁트네가 불어로 쓴 편지를 동봉한다.

★ 1905년 4월 27일(5. 10) 외무성에서 해외 러시아 각 공관에 보낸 회람전문: 1904년 2월 8일(21) 회람 통신으로 러시아 제국은 모든 열강이 대한제국을 독립국으로 승인하였음에도 불구하고 일본이 무력으로 독립과 불가침권을 침탈한 데 대한 러시아의 견해를 이미 밝힌 바 있다.

이제 러시아 외무성은 믿을 만한 소식통으로부터 일본제국 정부가 대한제국 황제를 일본으로 이송해 미리 준비한 가옥이 있는 목꼬(?)에 연금시키려 하고 있다는 정보를 받았다.

러시아제국 정부는 천인공노할 일본의 이런 계획에 대해 항의하지 않을 수 없다.

★ 니꼴라이 Ⅱ세는 그런 일본의 행위는 어떻게든 예방해야 한다고 보고서 상단에 썼다.

фонд No. 818

Опись No. 1

Дело No. 126

л.л. No. 1 - 5

연도: 1905. 11. 16. 런던, 1905. 11. 28. 베를린

을사늑약(乙巳勒約)에 관한 영국 정부와 독일 정부의 반응을 주 런던
러시아 대사와 주 베를린 러시아 대사가 람즈도르프(Ламздорф)
외상에게 전한 지급 전보

주요내용

★ 런던 주재 러시아 대사 벤껜도르프(Бенкендорф A. K.) 백작의
전문: 외상 랜스다운 경(Lord Lansdown)에게 뻬쩨르부르그 주재 대한제
국 공사가 알려온 을사늑약의 강제성에 대해 항의를 전했다. 영국 정부는
대한제국 황제로부터 항의를 받은 바 없다고 하며, 미국 정부는 이미 공
사를 소환하기로 했다는 결정을 알려왔으며, 영국도 일본과 합의하여 외
교관 지위문제를 결정하겠다고 한다.

★ 베를린 주재 러시아 대사 오스뗀-사껜(Остен-Сакен Н. Д.)의
전보: 독일 정부는 전과 같은 외교관 지위의 외교관을 서울에 주재시킬
의사가 없다. 현 서울 주재 독일 공사는 휴가차 독일에 와 있으므로 서울
귀임은 하지 않을 것이다. 대신 서울은 총영사 직위로 하향 조정된다. 대
한제국 황제의 을사늑약 강제 체결에 대한 항의를 독일 외상은 일본에
문제 제기를 할 의사가 없다고 한다.

(역주: 러시아 외무성은 을사늑약에 대해 고종 황제가 니꼴라이 II 세에
게 보낸 친서(내용: 일본인은 미리 작성해 온 조약문에 국새를 강탈해 날
인하고 짐의 서명을 강요하였으나 단호히 거절했다. 니꼴라이 II 세 황제
폐하께서 유럽 문명국에 일본의 만행을 알려 대한 독립을 수호해 주시기
를 거듭 앙망한다), 이범진 공사의 항의 그리고 자국 해외 공관의 보고를

받고 일본이 강제로 체결한 불법행위였음을 확신하고 유럽 각국 정부에 주재국 대사를 통해 의견을 타진한다. 그러나 유럽 각국이 이미 일본의 대세를 인정함으로써 더 이상 을사늑약을 일본에 항의하지 않고 포츠머스 평화조약에 의한 일본과 화해 분위기를 조성하는 데만 노력하고 니꼴라이 Ⅱ세는 외무성을 통해 고종에게 "국내문제로 더 이상 대한제국을 도와줄 수 없다."는 전문을 보내라는 칙령을 내린다.)

фонд No. 150

Опись No. 493

Дело No. 590

л.л. No. 1 - 3

연도: 1905

파리 주재 대한제국(大韓帝國) 공사의 융자금 지원에 관한 청원건

주요내용

★ 1905년 4월 21일(5월 4일) 파리에서 넬리도프(Нелидов А. И.)가 외상(外相) 람즈도르프(Ламздорф В. Н.) 백작에게 보낸 통신문: 대한제국 파리 주재 공사 민영찬(閔泳瓚)이 찾아와 다음과 같은 말을 했다.: 일본은 대한제국의 모든 수입원과 통신수단을 하나하나 장악하고 이제는 국제적인 독립의 마지막 상징으로 남아 있는 해외 외교 대표부를 폐지하려고 하고 있다.

상기 목적을 실현시키려고 일본은 해외공관에서 보내는 모든 전보와 보고서의 배달을 지연시키며 검열하고 공관 운영자금 송금을 못 하게 하고 있다. 민 공사는 사정이 어렵게 되자 조국에 사신을 보내 귀국 허락을 요청하였으나 고종 황제는 궁정에서 일을 보는 민 공사의 모친(母親)을 통해 귀국하게 되면 공사직을 일본인에게 빼앗길 수 있으니 귀국을 하지 말고 공사직을 유지하고 있으라는 어명만 전달했다고 한다.

민 공사는 뻬쩨르부르그 주재 공사 이범진(李範晉)을 통해 러시아 제국 정부에 그의 어려운 실정을 호소하여 도움을 청하고자 한다. 러·청 은행의 파리지점에서 그에게 공사관 유지금을 융자해 주어 전후에 대한 제국 정부가 이를 상환할 수 있게 해 달라고 요청하였다.

민 공사는 파리에서 아주 올바르게 처신하고 있으나 대한제국이 지금 일본의 강압하에 있어 고생을 하고 있으므로 그의 딱한 처지를 고려해 동정할 만하다고 생각한다.

★ 1905년 5월 1일(14일) 외무성에서 파리 넬리도프 대사에게 보낸 비밀 전문: 대한제국 공사가 처해 있는 어려운 실정을 동정한다. 그러나 민 공사가 유지금을 못 받고 있다고 해서 러시아가 금전적으로 도와주어야 하는 하등의 책임과 의무가 없다고 본다. 차용 형식의 공사관 유지금 지원은 대한제국에서 일본에 의해 형성한 현 상황을 러시아가 인정하지 않은 것으로 설명될 수 있다. 러시아는 단지 외교적으로 대한제국을 지원하려고 한다.

фонд No. 818

Опись No. 1

Дело No. 111

л.л. No. 1 - 6

연도: 1905. 9. 17

상해(上海)에 체류 중인 서울 주재 러시아 공사 빠블로프(Павлов А. И.)가 외상에게 보낸 비밀 전문

주요내용

★ 전 탁지부대신(度支部大臣) 이용익(李容翊)이 고종 황제의 친서를 갖고 비밀리에 제물포에서 전마선(傳馬船)을 타고 상해(上海)로 오는 도중 태풍을 만나 배가 전복되었으나 겨우 생명을 건져 상해에 왔다.

고종 황제의 친서 내용은 다음과 같다.

"러시아가 항상 대한제국의 독립을 지지해 온 일은 전 세계가 다 알고 있다. 포츠머스 러·일 평화조약의 체결을 앞두고, 짐은 귀 제국의 도움으로 대한제국의 독립이 보장되리라는 확신을 갖고, 이 난국에 짐(朕)은 폐하(陛下)께 대한제국의 독립을 보존시켜 주시도록 간곡히 호소드린다."

фонд No. 150

Опись No. 493

Дело No. 83

л.л. No. 1 - 13

연도: 1905

민영익(閔泳翊)의 러시아 국적 취득 청원

주요내용

★ 1905년 1월 26일(2. 8) 상해에서 빠블로프(Павлов А. И.) 서울 주재 공사가 외무성에 보낸 비밀 전문: 시해당한 명성황후의 조카이며, 이미 20년 전에 일본인의 박해를 피해 고국을 떠나 상해(上海)에 망명하고 있는 민영익(閔泳翊)이 러시아 국적 취득 청원을 해왔다.

민영익이 국적 취득을 청원한 사유는 일본 정부가 청국 측에 자신의 신변인도를 요청하고 외국은행에 예치해 둔 거금을 압류하지 않을까 두려워하고 있기 때문이다.

★ 1905년 12월 30일(1906. 1. 12) 내무성 관리관(내상대리: 內相代理)이 외상 람즈도르프(Ламздорф В. Н.) 백작의 문의에 대한 회신: 내무성은 민영익의 러시아 국적 취득에 어려움이 없다고 본다.

★ 1906년 6월 8일(21) 상해 주재 총영사 끌레이메노프(Клейменов)가 외무성에 보낸 비밀 전문: 빠블로프에게 국적 취득 진정을 한 민영익이 또다시 끌레이메노프에게 청원을 해 왔다. 동시에 민영익은 다음과 같은 서약을 했다.

① 대한제국 내 친척이 관리하고 있는 사유농지권을 포기한다.

② 어떤 정치적인 사건에도 관여하지 않는다.

③ 러시아 공사를 제외하고 대한제국 황실이나 정부와 연락을 취하지 않는다.

④ 절대로 러시아 정부에 어떤 형태의 지원금도 요구하지 않는다.

⑤ 러시아인과 똑같이 러시아 법을 준수한다.

★ 1906년 9월 16일(29) 외무성에서 상해 총영사 끌레이메노프(Клей
менов)에게 보낸 비밀 전문: 현 상태에서 민영익에게 러시아 국적을 부
여하기가 어렵다. 무슨 변명으로든 그의 청원을 거절해야 한다.

фонд No. 150

Опись No. 493

Дело No. 143

л.л. No. 1 - 21

연도: 1905 - 1906

현상건(玄尙建) 특사 뻬쩨르부르그 도착과 1만 루블 대출건

주요내용

★ 1905년 11월 7일(20일) 청국 상해에서 서울 주재 러시아 공사 빠블
로프(Павлов А. И.)가 외무성에 보낸 비밀 전문: 현상건이 고종 황제의
칙령을 받고 뻬쩨르부르그로 출발했다. 현상건은 고종 황제가 1만 루블을
러·청은행(露淸銀行)에서 대출받으라고 서명한 증서를 소지하고 있다.
러·청은행은 러시아가 보증한다면 대출해 주겠다고 한다. 대출보증을 해
주어도 되겠는가?

★ 1905년 11월 8일(21일) 외무성에서 빠블로프에게 보낸 회신: 러·
청은행에 1만 루블에 대한 보증을 해도 좋다.

★ 1905년 11월 11일(24일) 빠블로프가 외무성 가르뜨뷔그(Гартвиг
Н. Г.) 아주국장에게 보낸 보고문: 대출 보증을 했다. 대한제국 황제의
친서를 보낸다.

대출금 이자는 연 7%이다.

★ 고종 황제는 니꼴라이 Ⅱ세(Николай Ⅱ)에게 보내는 친서에서 한

국의 독립을 지지하고 열강이 다 함께 일본을 규탄해 줄 것을 호소하였다.

фонд No. 200

Опись No. 1

Дело No. 250

л.л. No. 14 - 22

연도: 1906

한·일 을사늑약(乙巳勒約)

주요내용

★ (날짜 미상) 을사늑약에 관해 ≪l'Echo de chine(청국의 메아리)≫의 통신원이 편집장에게 보낸 글: 일본군, 경찰 그리고 헌병대가 대한제국의 궁정을 세 겹으로 둘러쌓고 헌병대가 고종 황제(高宗皇帝)의 침실 문까지 배치되었다. 이토(伊藤) 후작이 고종 황제 침실 앞에 가서 보호조약 체결을 간청했으나 고종 황제는 의정부(議政府)에서 대신들과 이 문제를 의논하라고 하였다.

이토 후작은 대신에게 협박과 회유를 번갈아 하고 하세카와(長谷川好道) 장군은 군도로 위협을 하기도 했다. 참정대신(參政大臣) 한규설(韓圭卨)은 죽는 한이 있어도 서명을 할 수 없다고 하자 이토는 격노하여 한규설을 어명을 어기는 배신자라고 부르고 궁내부(宮內府) 대신을 시켜 의정부는 고종 황제의 어명을 거역한다고 고종에게 전하라고 했다.

이토는 참정대신 한규설의 동의를 얻지 않기로 결정하고 외부(外部)에 일본 관리와 헌병대를 보내 국새(國璽)를 가져오게 한 후 어떠한 저항도 받지 않고 이토 스스로 도장을 조약문에 날인하였다. 새벽 2시가 되어 이들은 궁정을 떠났다.

밤에 강제로 을사늑약이 체결되었다는 사실을 알게 된 백성은 크게 낙담하고 흥분했다. 대부분의 한인은 을사늑약(乙巳勒約)이 의정부와 황제의 인준이 없기 때문에 무효라고 생각하고 있다. 대한제국은 러·일 간의 포츠머스 조약에서 정치적으로 독립국가로 인정을 받았으나 일본은 한국의 보호국화(保護國化)를 위한 온갖 노력을 다하고 있으며 이 목적을 달성하고자 이토 후작을 통감(統監)으로 임명했다.

그리고 일본은 유럽인들에게는 대한제국이 스스로 보호통치를 요청했다고 한다. 실제적으로는 어떤 보호 요청도 한 바 없었다. 일본이 무력으로 황제와 대신에게 보호조약에 서명을 강요했을 때도 황제는 단호히 서명을 거부했으며 을사늑약을 반대하여 대신 중 2명은 자결하였다.

강제로 조약이 체결된 이후 고종 황제는 유럽과 미국에 친서를 보내고 한일 을사늑약은 불법임을 강조하고 대한제국의 국권회복을 위한 협조와 외교관 신임장 제정을 일본에 하지 말고 직접 대한제국에 해 줄 것을 요망했다.

★ 을사 5 늑약:

제1조: 일본 정부는 일본 외무성을 통하여 대한제국의 외교 사무를 감독 지도할 것이며 일본의 외교 대표와 영사는 외국에 있는 한인과 그들의 이익을 보호한다.

제2조: 일본 정부는 대한제국이 외국과 체결한 조약을 이행할 것이며 대한제국 정부는 앞으로 일본 정부의 중재 없이 어떤 조약이나 약속도 체결할 수 없다.

제3조: 일본 정부는 대한제국 황제 밑에 1명이 통감을 두며, 통감은 외교 사무를 관리하기 위해 서울에 주재하고 각 개항지 및 일본이 필요하다고 인정되는 곳에 이사관을 둔다.

제4조: 대한제국과 일본이 체결한 조약과 약속은 본 협약에 저촉되지 않는 한 그 효력은 유지된다.

제5조: 일본 정부는 대한제국 황실의 안녕과 존엄을 유지할 것을 보증한다.

하야시(林權助)

박재순(朴齊純)

фонд No. 191

Опись No. 768

Дело No. 263

л.л. No. 1 - 31

연도: 1906

황태자(皇太子) 혼례식(婚禮式) 및 태자

주요내용

★ 1906년 12월 25일(1907. 1. 7) 신문 스크랩(신문명 미상): 제위(帝位)를 계승할 세자의 약혼녀를 최종적으로 간택하기로 했다. 혼례식은 1907년 1월 24일로 결정하였다.

★ 신문 스크랩: 고종 황제가 황태자 혼례비로 7십만 엔을 책정하라는 칙지를 내렸으나 5십만 엔으로 결정되었다.

★ 신문 스크랩: 어제 최종적인 간택에서 윤택영(尹澤榮)의 딸이 결정되었으며 혼례식에는 가정이 행복한 고관만이 초청된다.

고종 황제는 세자 혼례비 때문에 상해(上海)에 있는 민영익(閔泳翊)과 민영철에게 송금하라는 전문을 쳤으나 그들은 송금을 거절했다.

궁내부(宮內府)에서는 탁지부(度支部)에 777,848엔을 혼례비로 책정을 요구했으나 탁지부는 500,000엔을 할당하였다.

★신문 스크랩(朝鮮日日新聞): 고종 황제는 셋째 태자 영친왕(英親王)을 3월에 혼인시키려고 한다.

세자 혼례식 축하 사절로 다나카(田中) 자작이 순양함 '까사찌(Касати)'호로 1월 21일 도착해 1월 31일 귀국한다.

★ 신문 스크랩(每日新聞): 혼례식 날은 일기가 화창하였다.

★ 황제는 모든 대신과 고관에게 큰 상을 차려 한 상씩 주라는 칙지를 내렸다.

★ 어제 황제는 궁궐을 지키고 있는 일본 경찰관에게 일금 1,000엔과 상을 차려 보내라는 칙지를 내렸다.

★ 세자 혼례식 날 일본 태자가 축전을 보냈다.

фонд No. 818

Опись No. 1

Дело No. 170

л.л. No. 1 - 2

연도: 1907. 7. 17(7. 30)

러 · 일 비밀조약(秘密條約) 사본

주요내용

★ 대한제국, 만주(滿洲), 몽골(蒙古 · Mongol) 문제에 관한 러 · 일 비밀조약문

① 러 · 일은 남북만주에서 분계선을 확정한다.
② 러시아는 일본과 대한제국 간에 진행되고 있는 정치적 결속에 대해 간섭과 방해를 하지 않는다.
③ 일본은 외몽골에서 러시아의 특수권익을 승인한다.
④ 본 협약에 대해 러 · 일 쌍방은 비밀로 한다.

(역주: 고종 황제가 파견한 이준(李儁), 이상설(李相卨), 이위종(李瑋鍾) 3인의 헤이그 밀사사건이 러 · 일 비밀조약 체결 직전에 발생하였으므로 러시아 외무성은 헤이그 국제회의 의장 넬리도프(Нелидов А. И.)(전 파리 주재 러시아 대사)에게 대한제국 특사의 회의장 참석을 거부하도록 전문을 보내기도 했으며, 통감 이토(伊藤)는 러시아 측이 비밀히 제공한 정보로 모든 내막을 알았다.)

фонд No. 150

Опись No. 493

Дело No. 2073

л.л. No. 1 - 55

연도: 1902 - 1916

러 · 일조약(露 · 日條約)

주요내용

★ 1905년 8월 12일(25일) 제2차 영 · 일동맹 조약문 중 대한제국 관련 조항:

제3조: 대한제국(大韓帝國)에서 일본의 정치, 군사, 경제적 우위를 고려해 영국은 대한제국에 대한 일본의 지도, 감독 및 보호조치의 권한을 인정한다.

★ 1907년 외상이 러 · 일 협상 진행과정을 황제에게 보고한 상주서:

★ 1907년 7월 10일(23일) 조약문에는 만주(滿洲)에서 러 · 일 양국의 세력범위의 규정과 대한제국에서 일본의 지위와 러시아의 권한을 명백히 하였다. 그리고 일본 정부는 몽골(蒙古 · Mongol)문제에서 러시아가 소유하고 있는 특수이해를 손상시키는 군사적인 개입을 하지 않겠다는 비밀 조항이 포함된다.

★ 1907년 7월 15일(28일) 총영사 플란손(Плансон Г. А.)의 보고서: 7월 11일(24일) 대한제국과 일본이 대한제국의 독립을 더욱 일본에 종속시키는 조약을 체결하였다고 한다. 이 사실을 뻬쩨르부르그 주재 일본 공사도 확인해 주고 있다. 그 때문에 1904년~1905년에 한 · 일 간에 체결한 조약을 언급하는 정치협정도 속하는 비밀조항 11조는 오해와 논쟁의 원인을 제공할 수 있다. 따라서 일본 정부는 이를 방지하기 위해 두 가지 안을 내놓고 있다.

① 조약문을 수정하는 방법과

② 조약 날짜를 이후로 표기하자는 안(案)이다.

러시아는 한·일신조약이 법적인 견지에서 전혀 하자나 논쟁의 여지가 없기 때문에 이를 무시할 수는 없다. 일본이 지금까지 대한제국과 체결한 모든 조약을 러시아가 인정하는 합리적 방법으로 11조를 수정하는 것이 바람직하다.

фонд No. 283

Опись No. 766

Дело No. 260

л.л. No. 1 - 4

연도: 1908

순종 황제(純宗皇帝) 전국 순행(巡幸)

주요내용

★ 1908년 12월 30일(1909. 1. 12) 부산(釜山) 주재 부영사 봐스께뷔치(Васкевич)가 총영사 쏘모프(Сомов А. С.)에게 보낸 보고서: 최근 대한제국(大韓帝國) 황제 순종(純宗)이 부산과 마산을 끝으로 전국 순행을 마쳤다.

순종은 부산에 오기 전에 이토(伊藤博文) 공의 주장대로 제물포(濟物浦)와 수원(水原)을 여행했다.

순종은 무기력하고 자기주장도 없이 주도권을 일본에 빼앗겨 모든 일을 일본인의 손에 맡기고 게다가 퇴위(退位)를 겁먹고 대한제국의 국가이익도 고려하지 않고 일본인의 지시에 따르고 있다.

일본인은 무기력한 순종의 성격을 보고 일본인에 복종할 수 있는 태자로 미리 배려하고 그를 제위에 오르도록 했다. 일본으로 교육을 시키기 위해 보낸 소년 황태자(역주: 英親王)(역주: 순종이 즉위하자 황태자가 된다.)는 일본인에게 바람직스런 방향으로 발전하고 있다. 그는 부친인 전고종(高宗) 황제가 일본인을 증오한다는 사실을 알면서 일본어로 부친에게 편지를 썼다.

고종은 일본인이 어린 황태자를 일본 여인과 강제로 결혼시킬까 봐 11세의 소년을 한인 여인과 약혼시켰으나 고종이 바라는 대로 뜻이 이루어지지 못했다. 이토 공은 벌써 어린 황태자에게 한 일본의 황녀(皇女)를 약혼자로 선택해 놓았다는 소문이 나돌고 있다.

이토 공은 통감부(統監府) 간부를 거느리고 현재 마산포(馬山浦)에 와 있다. 서울의 혹독한 기후 조건 때문에 와 있는 것처럼 말하나 사실은, 이토의 의도는 은밀한 내막이 있을 것이라는 말들을 한다. 그가 일본에 대한제국을 예속시키는 일련의 조치 중에서 최종적인 것으로 수도를 마산포에 옮기려고 구상하고 있다는 추측을 하고 있다.

이토는 일본의 수도를 경도(京都)에서 동경(東京)으로 옮기면 쇼군파(將軍派)에게 결정적인 타격을 가져올 것이라고

фонд No. 150
Опись No. 493
Дело No. 18
л.л. No. 1 - 76
연도: 1908

1908년 서울에서 외무성에 보낸 보고서

주요내용

★ 1908년 1월 5일(18) 쏘모프(Сомов А. С.) 러시아 서울 주재 총영사가 외무성에 보낸 보고서: 황태자(순종)가 고관대작(尹澤榮)의 딸 윤규

수(후일의 純貞孝皇后)와 성대한 결혼식을 가졌다.

★ 1908년 9월 30일(10. 13) 쏘모프의 보고서: 제물포(濟物浦)에 썰물 때 일부 육지로 드러나는 지역을 막는 이권 문제가 외국인에게 제의되었다.

★ 1908년 11월 12일(25) 쏘모프의 보고서: 10월 초 옥동(Окдонг)에서 일본군들이 한인을 대량 학살하는 사건이 발생했다. 한인 약 33인이 성상 앞에 모여 있는데 일본 기병대가 의병으로 간주하고 거의 전원을 학살했다. 이토(伊藤)는 유족에게 20,000엔의 배상금을 주라고 지시했다.

★ 1908년 11월 26일(12. 8) 쏘모프(Сомов А. С.)의 보고서: 일본은 극동의 복잡한 정세를 이용하여 '조용한 아침의 나라'를 일본 영토로 편입시키려고 추구하고 있다는 생각이 든다.

사실 고종 황제는 병이 들어 나약하고, 병력이 없는 군부대신은 허수아비처럼 서 있고, 각부 대신은 일본인에 복종하고 있다. 노쇠한 황제는 고통스런 감금된 나날을 보내고 있으며 대궐 안과 밖은 일본인의 지시로 감시와 경비가 삼엄하다.

★ 1908년 11월 13일(26) 쏘모프의 비밀 전문: 황제의 알현이 제한되었다. 황제도 황제의 부친도 엄격한 감시하에 연금된 상태다. 지금까지 제3자를 통한 대궐과의 연락도 제한을 받고 있다.

★ 1908년 12월 26일(1909. 1. 8) 쏘모프(Сомов А. С.)의 비밀 전문: 황제가 러시아나 청국으로 피신할 마음을 갖고 있어 황제 자신이나 백성을 위해서 이것은 바람직하지 않다는 권고를 했다.

фонд No. 133

Опись No. 470

Дело No. 176(T. 1)

л.л. No. 1 – 96

연도: 1908

고종 황제(高宗皇帝)의 러시아 정치망명(政治亡命) 희망건

주요내용

★ 1908년 7월 9일(22일) 동경 주재 러시아 대사 말렙스끼 – 말레뷔치 (Малевский – Малевич Н. А.)가 동경에서 외무성에 보낸 비밀 전문: 일본의 조선통감부의 보고에 따라 일본 외무성은 다음과 같이 전해왔다. 이범윤(李範允)은 200명의 동지를 모아 통감부하의 현 정부를 전복시키려는 음모를 꾸미고 있다. 이들은 블라디보스토크(Владивосток)에서 다량의 무기를 구입하고 대한제국으로 침투하기 위해 노보 – 끼옙스끄(Ново – Киевск)에 집결해 있다. 소문으로는 그들 중 20명의 러시아인도 포함되어 있다고 한다.

이들의 일부는 육로를 통해 경성(京城)으로 갔으며, 또 다른 일부는 선박을 이용하여 대한제국 북부로 떠났다.

러시아가 마치 대한제국에서 폭동을 지원하는 듯한 오해를 받지 않기 위해 아무르 동부지역 총독에게 그와 같은 음모에 러시아인의 가담을 금지하고 한인 불법단체의 무장해제 조치를 취해 달라고 요청했다. 그리고 만약 이범윤이 러시아 국적을 소유하지 않은 외국인이라면 국외로 추방시켜야 하며 러시아 국적을 갖고 있다면 형법 269조에 의해 처벌을 받도록 해야 한다.

★ 1908년 11월 7일(20일)

동경(東京)에서 말렙스끼 – 말레뷔치(Малевский – Малевич Н. А.)가 외무성에 보낸 비밀 전문: 서울 궁정과 밀접한 관계에 있는 사람이 전한 말에 의하면, 전 황제 고종이 배편으로나 육로로 러시아에 망명을 준비하고 있다고 한다. 고종 황제가 러시아 영토에 출현하면 다시 극동에 심각한 위협이 초래되어 대한제국 문제를 둘러싼 러·일 관계는 긴장이 조성될 것이다. 그러므로 가장 바람직한 조치는 극동정세를 복잡하게 만들 수 있는 황제의 망명계획을 거부하는 것이 좋다.

фонд No. 150

Опись No. 493

Дело No. 19

л.л. No. 1 – 139

연도: 1909

서울에서 보낸 보고서

주요내용

★ 1909년 1월 28일(2. 10) 쏘모프(Сомов А. С.) 서울 주재 러시아 총영사의 보고서: 순종 황제가 이토(伊藤)와 동행한 대한제국 서북부 시찰에서 지난 22/2. 5일 환국했다. 일본은 남부 순찰에 비해 성공을 못했다.

가) 평양(平壤)에서는 폭발물이 발견되었다.

나) 개성(開城)에서는 철도 레일의 나사못을 풀어놓았다.

다) 학교에 태극기와 일장기를 분배해주고 환영 시 사용토록 당부했다. 그러나 학생들은 일장기를 다 찢어버리고 오직 태극기로만 환영했다. 이토는 몹시 실망하고 일간 서둘러 일본으로 떠났다.

★ 1909년 2월 11일(24), 1909년 1월 27일(2. 9) 쏘모프의 보고서: 오늘이 제물포(濟物浦)의 러·일 해전 5주기이다. 정교회 승원관장 빠벨(Павел)이 군함 봐랴그(Варяг)의 전사자 묘지에서 추도식을 집전했다. 제물포 해전은 러·일의 최초의 전투였다.

★ 1909년 4월 22일(5. 5) 쏘모프의 보고서: 대한제국을 일본이 합병할 준비를 하고 있다는 소문이 확산되고 있다.

★ 1909년 4월 5일(18) 쏘모프의 비밀 전문: 대한제국 대신들과 친일파 회원이 한일합방 지지 발언을 하기 시작하고, 동시에 일본 측에 가담한 귀족 100명을 통감부에서 일부 여비를 부담, 일본 관광을 보냈다. 한일합방은 한인들 스스로 원하고 있다는 분위기를 조성하려는 의도가 숨어 있음이 분명하다.

★ 1909년 4월 15일(28), 4월 22일(5. 5) 쏘모프의 보고서: 합방 소문에 일본거류민단은 불만을 표시한다. 대한제국 내의 일본인은 두 집단이 있다. 한 집단은 고위관리와 장교출신으로 이토의 대한 유화정책을 지지하며, 다른 집단은 하위직 관리, 군인 및 일본 거주민들로 유화정책을 비난하고 있다.

★ 1909년 5월 21일(6. 3) 쏘모프의 보고서: 총독 이토 후임에 자작 소네 아라스케(曾禰荒助)를 임명했다.

★ 1909년 8월 18일(31) 쏘모프의 보고서: 일본은 간도(間島)를 청국의 영토로 인정한 후 길림(吉林) - 간도(間島) - 천진(天津)의 철도 부설권을 청국에서 받았다.

фонд No. 818

Опись No. 1

Дело No. 183

л.л. No. 1 - 2

연도: 1909

을사늑약(乙巳勒約) 이후 서울 외교대표부 지위 변경에 따른 러시아 주한 외교관 감축문제와 제물포(濟物浦) 영사 관할처 문제

주요내용

★외무성 관리관은 대한제국에서의 외교관 감축과 제물포 주재 부영사의 소속지를 일본으로 변경하는 것이 바람직하다. 1905년 11월에 한·일 간에 체결된 을사늑약으로 대한제국의 외교권은 사실상 일본인의 수중으로 넘어갔다.

러시아 정부는 대한제국에서 일본보다 한 급 낮은 외교대표부(역주: 대리공사) 명칭을 사용하여 일본인에게 항상 우호적인 제스처를 취해왔다. 대한제국과의 외교관계 수립 이후 대리공사(1903년까지)와 공사(1904년)를 유지했으나, 이제부터는 총영사(1906년부터)로 그 직급을 격하시켰다.

한국에서 러시아 외교대표부의 정원 축소나 관할시 변경은 단순히 외교관 명칭 변경보다는 한·러관계의 변화와 관련되어 있다.

전에는 한국인 스스로도 '조용한 아침의 나라'라고 자칭할 만큼 전쟁과 상업과는 거리가 먼 나태하고 순박한 민족으로 항상 러시아에는 우호적이었다.

그러나 지금은 가장 러시아를 적대시하는 일본의 전략적인 행정, 상업의 중심지로 변화되었다.

러시아 국익을 위하여 한국에서 외교관 축소보다는 경흥(慶興), 성진(城津), 청진(淸津)에 영사관을 증설해야 한다.

플란손(Плансон) 서명(역주: 당시 외무성 아주국 부국장)

фонд No. 150

Опись No. 493

Дело No. 1279

л.л. No. 1 – 96

연도: 1909 – 1910

재상의 극동 출장과 하얼빈역의 이토(伊藤博文) 사살사건
(안중근 의거, 安重根義擧)

주요내용

★ 1909년 10월 13일(26) 하얼빈(哈爾濱)에서 재상이 베베르(Вебер, 역주: 재무부상)에게 보낸 전문: 다음을 사자노프(Сазанов С. Д.)(역주: 외무성 총관리관)에게 전하라. 철도 당국은 경비강화를 위해 통행증이 없으면 역내에 출입을 금지시켰다. 2일 전에 청국 동청철도 관리국에서 하얼빈 영사에게 통행증을 발행하려고 일본인 환영객 명단을 전달해 줄 것을 요구했으나 영사는 일본인에게는 통행증 발행 없이 자유롭게 통행시켜 주도록 요청했다. 안중근(安重根)의 외모는 일본인과 전혀 차이점이 없다. 역내에 자유통행 요청을 영사관의 서기가 자인했으며 범인심문조서에도 기록됐다.(역주: 전 서울 주재 공사와 동성인 베베르(Вебер)는 재무성 간부며, 사자노프는 외무성 간부이다. 외상은 출장 중이었으며 가타 간부는 수행원으로 갔다.)

★ 1909년 10월 13일(26) 하얼빈에서 재상이 베베르에게 보낸 전문: 앞 전문에 추가한다. 국경지방 재판소 검사는 오늘 심리를 종결했다. 안중근의 국적이 명백한 대한제국이므로 일본법의 적용을 받게 되어 있어 모든 사건을 일본 총영사가 처리하도록 이관했다. 조사결과 큰 조직으로 밝혀졌으며 범인 이외에 8명의 공범이 있으나 바로 체포될 것이다. 중상을 입은 일본 영사는 검사의 신속한 조서 결과에 고마움을 표시하고 이토(伊藤) 수행원으로부터도 두 장의 감사 전문을 받았다. 황제에게 이 점

을 상신하라.

★ 1909년 10월 13일(26) 까꼽초프(Коковцов В. Н.) 재상이 하얼빈에서 보낸 전문: 이토 공작이 도착하여 의장대 사열을 받고 있을 때 외국 영사들이 도열하고 있는 뒤에서 어떤 한인이 브라우닝 권총을 발사, 이토 공작은 치명상을 입고 일본 총영사는 중상, 그리고 이토 수행원 한 명이 부상을 당했다. 이토 주변에 있던 러시아인은 무사하다.

★ 1909년 10월 14일(27) 까라스포볘츠(Кростовец)가 외상에게 보낸 비밀 보고: 의장대 뒤 일본인 환영객 속에서 나와 정렬하고 있는 의장병과 지휘관 사이를 급히 뚫고 들어간 한 청년이 연발권총으로 3발을 이토를 향해 발사했다. 바로 이 자의 옆에 서 있던 장교들이 목과 팔을 붙들었지만 다시 3발을 발사했다. 일본 황실청 비서 모리, 남만 철도 다나까 소장, 하얼빈 주재 총영사가 총상을 입었다.

마지막 발사를 하고난 범인(안중근)은 '대한제국만세'라고 외쳤다.

자금 모집도 했다.

한국인은 일본인 중에서도 특히 이토(伊藤)를 증오한다. 현재 조국을 파멸시킨 모든 불행이 이토 때문이라고 생각하고 있다. 때문에 무슨 일이 있어도 이토를 살해하기를 한인은 원하였다. 바로 그 임무를 안응칠이 맡았다. 안응칠은 신문에서 이토가 하얼빈(哈爾濱)에 온다는 사실을 알고 10월 8일(21) 블라디보스토크에서 하얼빈에 도착했다. 그는 2명의 한인과 함께 왔다. 우덕순, 조도성이다. 우덕순은 뻬쩨르부르그의 이범진 공사에게 한동안 있었으며 조도성은 고종 황제 폐위를 반대한 폭동에 가담한 자이다. 블라디보스토크에서는 상기 3인이 대동공보 편집실에 체류하였다. 생활비는 미국 샌프란시스코에서 온 한인으로부터 받았으며 브라우닝(Browning) 권총은 다른 한인이 그들에게 전달했다. 10월 13일(26) 안응칠은 이토가 사망했다는 사실을 알고서 무릎을 꿇고 하느님께 기도하였다. 그는 가톨릭 신자라고 한다.

фонд No. 2.000

Опись No. 1

Дело No. 7854

л.л. No. 7,168,393

연도: 1911

한일합방 후 정세

주요내용

★ 1911년 3월 25일(4. 7) 서울 총영사관 관리관 7등관 치르낀(Чирки
н)이 동경 주재 러시아 대사에게 보낸 보고서 사본: 국내 정세는 조용하
나 정부는 늘 반란군(역주: 의병)의 활동을 주시하고 있다.

전혀 성공 가능성이 없는 한인 반란군 활동은 일반 주민의 정상적 생
계활동에 지장을 주고 있다. 주민은 이 빨치산 전쟁 때문에 고난을 당하
고 있다고 한다.

농민은 빨치산이 출현하면 당국에 신고를 하도록 되어 있어 숨겨주지
못하고 진퇴유곡에 빠져 있다.

서울의 신문에는 빨치산과의 충돌기사가 자주 나오고 있으나 그 충돌
의 규모는 소소하다.

최근에 일본군은 큰 전과를 세웠다. 4년간 경기도를 전율케 했던 강기
동(姜基東)을 체포했다. 더욱이 강기동에게 500엔의 포상금을 건 후 곧
원산(元山)에서 체포되었다.

★ 1909년 12월 5일(18) 서울 총영사 4등관 쏘모프(Сомов А. С.)가
외무성에 보낸 비밀 지급 공보: 일본은 하얼빈(哈爾濱)에서의 이토(伊藤)
저격사건을 구실로 자국에 유리한 정책을 수립하고자 한다.

이토의 저격범 안중근이 블라디보스토크에 거주하고 있었으며, 그곳에
친지가 있었다고 한다. 일본에 특히 대한제국 북부에서 빨치산이 조직되
어 무기를 밀수하고 있다고 주장한다. 일본은 이를 구실로 삼아 대한제국
북부에 군대를 증강시키려고 하고 있다. 통감부는 한·러 국경과 한·청

국경에 군대를 증강할 계획이다.

★ 1911년 7월 14일 서울에서 치르낀이 외무성에 보낸 보고서 사본: 지난 7월 7일(20)자 전문으로 서거를 보고한 엄비(嚴妃)는 10년간 궁중에서 큰 역할을 했었다. 왕후(明成皇后)가 시해된 이후 사실상 왕비의 위치를 차지하고 있었다.

노주석

한양대 사학과
한양대 언론정보대학원
국방대 안보과정
서울신문 문화부 기자, 사회부 차장, 기획부장, 논설위원

帝政러시아 외교문서로 읽는 大韓帝國 秘史

초판인쇄 | 2009년 6월 20일
초판발행 | 2009년 6월 20일

지은이 | 노주석
펴낸이 | 채종준
펴낸곳 | 한국학술정보㈜
주 소 | 경기도 파주시 교하읍 문발리 파주출판문화정보산업단지 513-5
전 화 | 031) 908-3181(대표)
팩 스 | 031) 908-3189
홈페이지 | http://www.kstudy.com
E-mail | 출판사업부 publish@kstudy.com

등 록 | 제일산-115호(2000. 6. 19)
가 격 |
        26,000원
ISBN 9   aper Book)
     978-89-268-0060-7 08910 (e-Book)

여담 는 한국학술정보(주)의 지식실용서 브랜드입니다.